ベターホームの先生たちの

おもひで食堂

おつまみ、鍋、軽食・おやつ編

ふるさとの味、うちの味を伝えて。

家庭料理には、生まれ育った地域の味もあれば、代々受け継いだ味もあります。

ベターホームの料理教室の先生たちが、子どものころからなじんできた味で今も作っているうちの味。そんな家庭料理の中から、特にかんたんでおいしい、おすすめレシピを紹介します。どれも特別な材料を必要としない、安心して作れる、環境にも財布にもやさしい料理です。隠し味には、料理をめぐる懐かしい「おもひで」をひとしずく入れました。

※同じシリーズで「汁、ごはん、めん、常備菜」編もあります。

もくじ

とりあえずの、ちょこっとおつまみ

「〜するだけ」

卵黄たらこ＋野菜スティック 10
＋長いも
＋冷や奴
しらす納豆 12
オイルサーディンのレモン焼き 13
ごまあじ 14
なめろう 16
さんが焼き 16
たまねぎとたらこの甘酢あえ 18
麩《ふ》ときゅうりのからし酢みそあえ 19
長いもとかいわれのぽん酢しょうゆかけ 20
蒸しなすのしょうがぽん酢 21
みつばときのこのぽん酢いため 22
牡蠣《かき》とねぎのバターいため 24
カリフラワーのカレーいため 25
なすのみそいため 26
とり皮のみそいため 27

「作っておける」

しょうゆ豆 30
もちと大豆の甘からいため 32
クリームチーズの西京みそ漬け 33
かみなりこんにゃく 34
いかにんじん 35
ピーナッツ豆腐 36
にんじんのめんたいきんぴら 37

「天ぷら粉で揚げる」

わかめとじゃがいものかき揚げ 38

紅しょうがとたまねぎのかき揚げ 39
いりこ（煮干し）の天ぷら 40
ガネ（さつまいもの味つき天ぷら） 41

「目先を変える」

ちくわのいかもどき 42
とりささみのつるりんピリ辛 44
ゆで卵の牛肉巻き 46
たけのこのから揚げ 47
ツナの揚げぎょうざ 48
高野豆腐のソーセージはさみ揚げ 49

「残りもの活用」

するめいかのわたバターいため 50
するめいかのオーブンわた焼き 51
いかわたのガーリック油焼き 52
ねぎみその田楽 56
ゆで豚のねぎしょうがあえ 58
豚《とん》トロ焼き・ねぎしょうがのせ 59
骨せんべい 60
揚げだしもち 61
チーズ磯辺もち 62
ねぎもち 63
甘酢しょうがの肉巻き揚げ 64
セロリのしば漬けいため 65
漬けものの卵いため 66

ふだんのおかずにもなる、どーんとおつまみ

けんちょう 68
とりねぎ 70
なすのひき肉はさみ揚げ 71
豚肉のりんご焼き 72
豚ヒレ肉のりんご煮 74
コンビーフとポテト、トマトの重ね煮 75
豚の白みそ煮 76

豚豆腐 78
豚とさといもの甘みそいため 79
豚ねぎ天 80
豚れんこんはさみ揚げ 81
キムチ入りマカロニサラダ 82
牛肉のソースパン粉焼き 84

話題のご当地名物も、わが家では昔からの定番です

ほたて貝焼きみそ 86
手羽先のチョキ揚げ 88
いもフライ 90
ポテトドッグ 92

年中おいしい、うちの鍋、ふるさとの味

すき焼き

京都風のすき焼き 100
たまねぎのすき焼き 102
魚のすき焼き 103
鶏《とり》のすき焼き（ひきずり） 104
牡蠣《かき》のみそすき焼き 106

おでん

静岡おでん 110
みそおでん 112
みそ煮こみおでん 113
関西風のうす味おでん 114
関東炊き 116
冷やし夏おでん 117

魚介の鍋

さばとだいこんの鍋 120
たらのみそ鍋 122
いわし鍋 124
石狩鍋 126

沖すき 128

野菜たっぷりの鍋

とりの水炊き 130
みず菜と鴨《かも》の鍋 132
レタス豚しゃぶしゃぶ 133
はくさいと大きな肉だんごの鍋 134
はくさいと干し貝柱の鍋 136
スタミナ鍋 137
にんじんだんご鍋 138
きのこ鍋 140

郷土鍋&その他の鍋

だまこ鍋 142
いも煮会 144
揚げ豚鍋 146
七色鍋 147
豆乳湯豆腐 148
温泉湯豆腐（嬉野《うれしの》温泉豆腐風） 149
豚肉となすの柳川《やながわ》 150
豆腐キムチチゲ 151
じゃがいものとろとろシチュー 152
カレー鍋 154
モツ鍋 156
缶詰と残り野菜の牛乳みそ鍋 158

懐かしの、軽食とおやつ

ご当地お好み焼き

広島お好み焼き 162
ラヂオ焼き 164
もんじゃ焼き 166
どんどん焼き 168

ご当地おやつ

鬼まんじゅう 170
がんづき 172

かまあげ（かますもち） 174
ずんだもち 175
やせうま 176
丸ボーロ 177
いきなりだんご 178

うちのおやつ

まあるいフレンチトースト 180
パンの耳のラスク 181
ごまもち 182
さつまいもとりんごの甘煮 183

ほかにもあります 超かんたん3行レシピ

おつまみ

しその甘みそはさみ焼き 94
てっぽう豆 94
ねぎのバターいため 94
とり皮のパリパリ焼き 94
なすの即席漬け 95
納豆のり揚げ 95
みょうがのみそいため 95
なすとピーマンのしょうゆいため 95
豆腐なます・ピーナッツなます 95
いかのたらこあえ 96
クレソンのローストビーフ巻き 96
きゅうりのめんたい酢のもの 96
のりぱりウィンナー 96
揚げずにから揚げ 96
いなりポテサラ揚げ 96
いなり納豆 97
コンビーフとキャベツいため 97
もちあられ 97
漬けもののいためもの 97
麩《ふ》の卵とじ 97
桜えびの卵焼き 97

オニオンディップ 98
野蒜《のびる》のみそあえ 98
牡蠣《かき》の蒸し焼き 98
白魚《しらうお》のかき揚げ 98
焼きぎんなん 98
はくさいのいかわた焼き 98

軽食&おやつ

ねぎ焼き 184
ごはんのお焼き 184
長いものお焼き 184
にらとじゃこのお焼き 184
フライパン焼きいも 185
ひき肉のクレープ 185
わらびもちもどき 185
揚げ菓子（かんたんドーナツ） 185
ねったぼ（唐《から》いももち） 185
さつまいものミルク煮 185

酒の肴・講座

自分で魚をおろすなら… 28
自分でいかをさばくなら… 54

鍋もの・講座

すき焼きの味つけ、どうしてる？ 108
北から南までご当地おでん 118
基本のだしのとり方 160

作っておくと、便利です。【自家製たれや常備菜】

ねぎみそ 56
ねぎしょうが 59
すき焼きの割り下 109
みそだれ2種 112
しょうがじょうゆ 114
ねぎだれ 114
こんにゃくの甘から煮 164

この本の使い方

各レシピには、以下のマークが付いています。レシピを選ぶ際、作る際の参考にしてください。

調理時間

漬けておく時間、下準備の時間などを含んでいない場合は、注意書きを添えています。

摂取エネルギー

1人分のカロリーです。材料に「1～2人分」「2～3人分」「4～5人分」などと幅がある場合は、それぞれを2人分、4人分と考えて、1人分のカロリーを算出しています。

保存方法と保存期間 保存方法 保存期間

作っておくと便利な料理には、保存方法（常温か冷蔵か冷凍か）とだいたいの保存期間のめやすを書きました。

お弁当にもできる料理

お弁当のおかずとして使える料理です。前の晩に少し多めに作って冷蔵し、朝、お弁当箱に詰めてもよいでしょう。

ベターホームの先生からのコメント

料理レシピの発案・開発者である先生たちの、料理にまつわる思い出やPRポイントです。おいしく作るためのコツや応用例などのアドバイスも載せました。

レシピの表記は、以下のようになっています。

計量の単位

大さじ1=15mℓ　小さじ1=5mℓ
カップ1=200mℓ　米用カップ1（1合）=180 mℓ

電子レンジやオーブントースターの加熱時間

機種によって差があるので加熱時間はあくまでめやすです。ようすを見ながら加減しましょう。この本では、電子レンジは500Wが基準。600Wなら0.8倍の時間をめやすに。

オーブンの温度と加熱時間

温度や加熱時間は、電気オーブンのめやすです。ファンつきのガスオーブンの場合は、表記より10～20℃低めの温度に設定します。

フライパン

フッ素樹脂加工のフライパンを使用しています。

揚げ油の温度とめやす

160℃（低温）
揚げ油に天ぷら衣を落とすと、底まで沈み、ゆっくりと浮き上がってくる。

170℃（中温）
揚げ油に天ぷら衣を落とすと、途中まで沈み、すぐに浮き上がってくる。

180℃（高温）
揚げ油に天ぷら衣を落とすと、沈まないで、油の表面でパッと散るように広がる。

調味料

特に表記がない場合、砂糖は上白糖、塩は精製塩、しょうゆは濃口しょうゆ、みそは信州みそ、小麦粉は薄力粉を使用しています。

だし

特に表記がない場合、けずりかつおでとった「かつおだし」を使用。インスタントの「だしの素」でも代用できます。「だしの素」を使う場合は、商品の指示量に従ってください。

スープの素

特に表記がない場合は、コンソメ、ビーフ、チキンなどお好みのものを使ってください。「とりがらスープの素」は「中華スープの素」や「チキンスープの素」で代用できます。

分量表記について

作りやすさを考え、基本的には「2人分」ですが、便宜上、多めに作ったほうがおいしいもの、作りやすいものは「4人分」。鍋ものなど料理によっては、「1～2人分」「2～3人分」「4～5人分」と幅をもたせてあります。常備菜（作っておける料理）の多くは、一度に作りやすい分量で作っています。

ベターホームの料理教室の先生たちが、ふだんからささっと作っているおつまみ。それは、かつて母が作っていたり、結婚して姑に習ったりした味です。

とりあえずの、ちょこっとおつまみ

「〜するだけ」の酒の肴。
誰にでも作れて、あっ、という間にできるかんたんさです。

【混ぜるだけ】

卵黄たらこ

一　たらこは薄皮に切り目を入れて、包丁の先でしごき出す。

二　卵黄をほぐし、一と酒を加えて混ぜる。

三　そのまま食べてもよいし、野菜をスティック状に切って、つけて食べても。

冷や奴にかけて

長いもの細切りにかけて

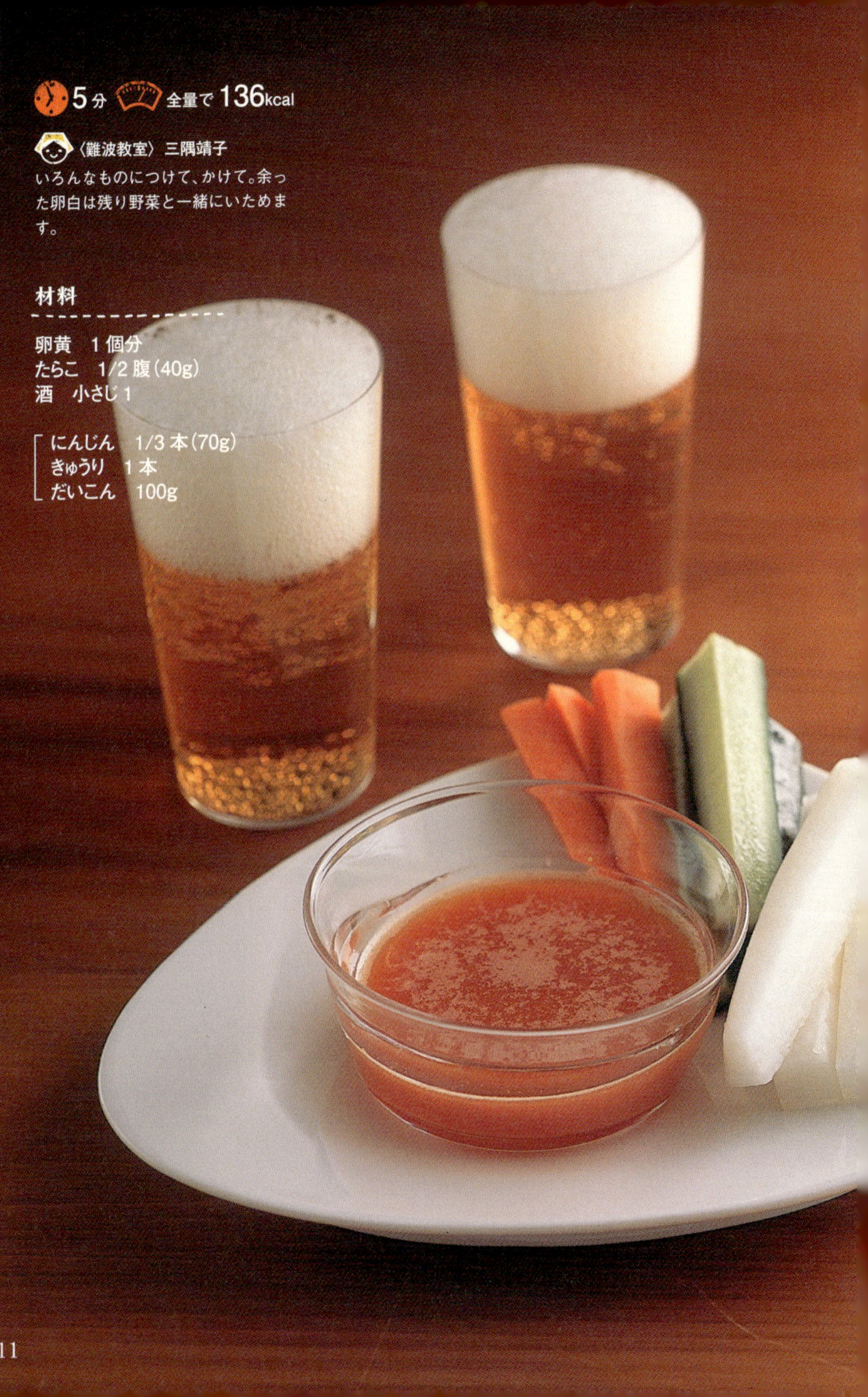

5分　全量で136kcal

〈難波教室〉三隅靖子

いろんなものにつけて、かけて。余った卵白は残り野菜と一緒にいためます。

材料

卵黄　1個分
たらこ　1/2腹（40g）
酒　小さじ1

にんじん　1/3本（70g）
きゅうり　1本
だいこん　100g

【混ぜるだけ】

しらす納豆

一　しょうがは皮をこそげてすりおろし、万能ねぎは小口切りにする。しらすはさっと熱湯をかけて、水気をきる。

二　納豆とねぎを混ぜ合わせる。

三　器に、しらすと二を盛り、卵黄としょうがをのせる。全部を混ぜて食べる。

材料（２人分）

しらす干し　50g
ひきわり納豆　１パック（50g）
卵黄　１個分
しょうが　小１かけ（5g）
万能ねぎ　２本

しょうがは好みで10gにしても。納豆もふつうのでOK。千葉の漁師料理で、本来は釜あげしらすで作ります。朝食のごはんにのせてもおいしい。（三笠）

10分　104kcal

【焼くだけ】

オイルサーディンのレモン焼き

一　レモンは半月切りにする。

二　オイルサーディン缶のふたを開け、サーディンの間にレモンを入れる。

三　オーブントースターで、レモンの縁にこげめがつくまで焼く。

材料（1～2人分）

オイルサーディン缶　1缶
レモン（薄切り）　2枚

〈福岡教室〉松尾公榮

料理ともいえないものですが、結婚当初から作り続けるかんたんおつまみといえばこれ。高齢の主人も、お酒とは縁のない孫も大好きです。とり出すとき、熱いので気をつけて。

【あえるだけ】

ごまあじ

一 万能ねぎは小口切りにする。

二 ごまとしょうゆ、酒を混ぜ、あじをあえる。

三 ねぎを散らす。

〆の茶漬けにもぴったり！
白いごはんにごまあじをのせ、
熱いお茶をかけて。

材料（2人分）

あじのたたき、または刺し身　1/2 パック（50g）*
すりごま（白）　大さじ 2
しょうゆ・酒　各大さじ 1/2
万能ねぎ　2 本
*自分であじをおろして、刺し身にする場合は
▶ P.28 〜 29

5 分　63kcal

〈銀座教室〉前川圭子
故郷の福岡で食べていた大好きなごまさば。東京に来てからはあじで代用して作ります。しょうゆは、とろりとした甘めのもの（九州の刺し身じょうゆ）を使うと、よりおいしく、本場の味になります。

【包丁でたたくだけ】

なめろう

一　ねぎとしょうがはみじん切り、しそはせん切りにする。

二　あじはあらくきざみ、一、みそをのせてさらに包丁でたたいては混ぜ、よくなじませる。しそ（材料外）を敷いた上に、盛る。

〈さんが焼き〉の作り方

❶なめろうを貝殻やアルミホイルにのせて、表面を平らにする。

❷オーブントースターかグリルで、表面に焼き色がつくまで、4～5分焼く。

材料（2人分）

あじのたたき、または刺し身　1/2 パック（50g）*
ねぎ　3 cm
しその葉　2 枚
しょうが　小 1 かけ（5g）
みそ　小さじ 1
*自分であじをおろして、刺し身にする場合は
P.28 ～ 29

5分　38kcal

〈渋谷教室〉青木紀子

千葉の郷土料理。房総半島の漁師たちが船の上で作って食べたといわれ、おいしくて皿までなめたことからこの名がついたそう。なめろうを焼くと〈さんが焼き〉に。あじのほかに、いわしやさんまでも作れます。

【あえるだけ】

たまねぎとたらこの甘酢あえ

一　たらこは薄皮に切り目を入れて、包丁の先でしごき出す。酒と合わせる。

二　たまねぎは薄切りにし、水にさらして水気をきる。

三　甘酢の材料を混ぜ合わせ、たらことたまねぎをあえる。

材料（２人分）

たまねぎ　1/4 個(50g)
たらこ　1/2 腹(40g)
酒　小さじ 1
甘酢(砂糖…大さじ 1/2、酢…大さじ 1·1/2、塩…少々)

〈名古屋教室〉 吉川澄子

たらこのプチプチ感とたまねぎのシャリシャリ感がよく合います。

【あえるだけ】

麩《ふ》ときゅうりのからし酢みそあえ

一 麩は水でもどして、水気をしぼる。

二 きゅうりは小口切りにし、塩小さじ1/4（材料外）をまぶし、しんなりしたら水気をしぼる。

三 からし酢みその材料を混ぜ合わせ、麩ときゅうりをあえる。

材料（2人分）

焼き麩　小 10 個(5g)
きゅうり　1 本
からし酢みそ(練りがらし…小さじ 1/3、砂糖…大さじ 1/2、みそ…大さじ 1、酢…大さじ 1/2)

〈池袋教室〉 奥野美紀子
麩は常備しておくと重宝です。ボリュームも出ます。

【切るだけ】

長いもとかいわれのぽん酢しょうゆかけ

一 長いもは、細切りにする。

二 かいわれは、根元を切り落とす。

三 器に盛り、ぽん酢しょうゆをかける。混ぜながら食べる。

材料（2人分）

長いも　適量（めやす 150g）
かいわれだいこん
　適量（めやす 10 ～ 20g）
ぽん酢しょうゆ　適量

〈銀座教室〉 有働佳子

福岡の主人の実家に初めて行ったときに義母が作ってくれた１品です。なくなるとすぐにおかわりが出てきます。食べたいだけ作りましょう。これにわかめが加わることもあります。

【チン！するだけ】

蒸しなすのしょうがぽん酢

一　なすはへたをとって、ラップで包み、電子レンジで約1分30秒加熱する。

二　しょうがは皮をこそげ、すりおろす。

三　なすは、食べやすい大きさに切って盛る。

四　なすに、おろししょうがを添え、けずりかつおをのせる。ぽん酢しょうゆをかけて食べる。

材料（2人分）

なす　1個（70g）
しょうが　小1かけ（5g）
けずりかつお　少々
ぽん酢しょうゆ　適量

〈渋谷教室〉 塚原裕子

なすは電子レンジで蒸すとかんたん。なすは洗ってへたをとったあと、水気がついたままラップで包みましょう。あっという間にできますよ。

【いためるだけ】

みつばときのこのぽん酢いため

弁当

一　しめじは根元を切り落とし、小房に分ける。みつばは5cm長さに切る。

二　フライパンに油を温め、しめじをいためる。

三　しめじがしんなりしてきたら、ぽん酢しょうゆ、みつばを加えてひと混ぜする。好みで、こしょう少々（材料外）をふってもよい。

便利な調味料
「ぽん酢しょうゆ」

お鍋のときに登場させるだけでなく、サラダやあえものにも使えます。そして、いためものの味つけにも。

材料（2人分）

しめじ　1パック（100g）
みつば　スポンジ1個分
サラダ油　大さじ1
ぽん酢しょうゆ　大さじ1

5分　74kcal

〈渋谷教室〉青木薫子

みつばをねぎに代えてもよく作ります。すぐできるので、お弁当にも重宝です。

【いためるだけ】

牡蠣《かき》とねぎのバターいため

一　かきは塩水（水カップ1に塩小さじ1の割合・材料外）に入れて洗い、真水ですすぐ。ざるにとり、水気をきる。

二　ねぎは斜め薄切りにする。

三　フライパンにバターを温め、かきを入れて中火で1〜2分焼く。焼き色がついたら裏返し、ねぎを加えて、しんなりするまでいためる。

材料（2人分）

かき（むき身・加熱用）　100g
ねぎ　1/2本（50g）
バター　20g

広島の漁師料理です。バターとかきのうまみだけで充分おいしい。ねぎは緑の部分も使うと、無駄なく、色もきれいです。（三笠）

【いためるだけ】

カリフラワーのカレーいため

弁当

一 カリフラワーは薄切りにする。

二 フライパンにバターを温め、カリフラワーを入れていためる。

三 ほぼ火が通ったところで、カレー粉、ソースを入れ、全体を混ぜるようにいためる。塩、こしょうで味をととのえる。

材料（2人分）

- カリフラワー　1/4個（正味150g）
- バター　15g
- カレー粉　小さじ1/2
- ウスターソース　小さじ1
- 塩・こしょう　各少々

下ゆで不要で、ささっとできます。忙しい朝のお弁当作りにも。（三笠）

【いためるだけ】

なすのみそいため

弁当

一　なすはへたをとり、縦半分に切ってから1cm幅の斜め切りにする。しそは細切りにする。

二　Aを合わせてよく混ぜる。

三　フライパンに油を温め、なすをいためる。なすに油がまわったら、Aを加えて混ぜ、しょうゆで味をととのえる。

四　器に盛り、ごまを指でひねってふり、しそをのせる。

材料（2人分）

なす　1個（70g）
サラダ油　大さじ1/2
A・仙台みそ　小さじ1
・砂糖　小さじ1/2
・酒　小さじ1
しょうゆ　少々
白ごま　少々
しその葉　2枚

〈仙台教室〉吉川久美子
仙台みそがなければ赤系のみそで。味をみて、しょうゆで調整します。

【いためるだけ】

とり皮のみそいため

一　とり皮は3〜4cm長さに切り、フライパンでからいりする。脂が出てきたらペーパータオルなどでとる。

二　八丁みそと酒を合わせて一に加え、とり皮にからめながらいためる。

三　器に盛り、七味とうがらしをふる。

材料（2人分）

とり皮　100g
［八丁みそ　大さじ1/2＊
　酒　大さじ1
七味とうがらし　少々

＊なければ、好みのみそで。

〈池袋教室〉中根友香
名古屋の八丁みそと、とり皮の相性がぴったりの、節約おつまみです。

酒の肴・講座

自分で魚をおろすなら…

あじの三枚おろしがマスターできれば、鬼に金棒！
三枚におろしたあと、小骨を専用の骨抜きで抜けば完璧。
皮をむいて刺し身にすれば、ごまあじ（14ページ）、なめろう、さんが焼き（16ページ）も作れます。
中骨は骨せんべい（60ページ）にしてもおいしい。

1

胸びれの下に包丁を入れ、頭を一気に切り落とす（皮を残すときは、ぜいごもとる）。

2

頭のほうから、尻びれのところまで切りこみを入れ、内臓をかき出す。

3

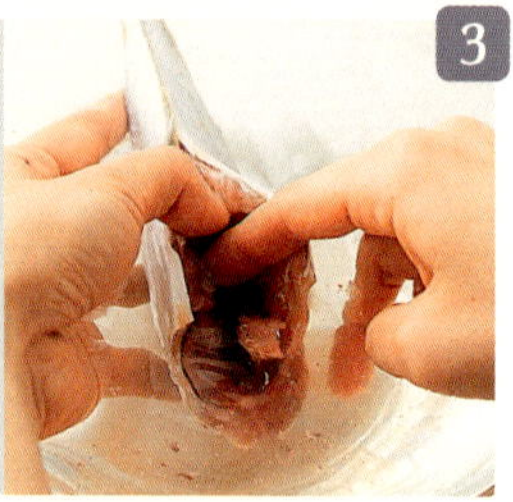

切り口に指やさい箸を入れ、残った内臓と中骨についている血を洗う。水気をふく。

4

頭のほうを上、腹を手前に置き、腹側から、中骨の上をなでるように包丁を入れ、尾のつけねまで身を切る。

5

あじの向きを逆にし、4と同じ要領で、尾のつけねから中骨にそって頭のほうまで切る。

6

左手で尾を持ち、包丁の先を尾のところからさしこみ、中骨の骨の上をすべらせるように身を切り離す。

ここまでが二枚おろし。骨のついている身と、ついていない身の2枚。

7

骨のついた身を、骨を下にして置く。同じ要領で、背側、腹側と包丁を入れ、身を切り離す。

これが三枚おろし。身が2枚と中骨の3枚。

8

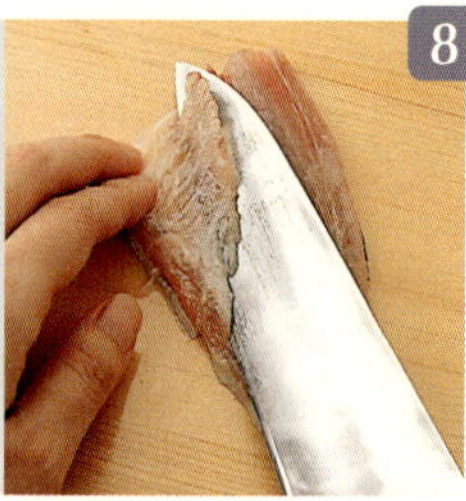

両方の腹骨をそぎとる。

9

中骨のあとに残った小骨をとる。指先でさぐりながら、骨抜きで、頭のほうに向けて抜く。

「とりあえず、これで飲んでて！」と出せる「作っておける」おつまみ。
時間があるときに作っておき、冷蔵庫にあれば、安心で、手間いらず。

しょうゆ豆

一　大豆は洗って水気をふく。フライパンで表面にこげめがつくまで、弱火でじっくりからいりする。

二　Aを鍋に合わせてひと煮立ちさせる。

三　大豆をAに漬けて2～3時間以上おく。

材料

大豆（乾燥）	50g
A・水	50 mℓ
・砂糖	大さじ1
・酒	大さじ2
・しょうゆ	大さじ2
・赤とうがらし（種はとる）	1/2 本

20 分（漬け時間は除く）　全量で 246kcal　保存方法 冷蔵　保存期間 1 週間

香川県の名物「しょうゆ豆」は、乾燥そら豆を使っていますが、それを真似て、大豆で作ってみました。味は全然違うものですが、ついついお酒がすすんでしまうおつまみです。（三笠）

20分　287kcal　保存方法 常温　保存期間 1〜2日

もちと大豆の甘からいため

一　もちは1cm角に切る。Aは合わせておく。

二　フライパンに油を温め、もちを並べて弱火で焼く。両面がこんがり焼けたら、大豆を入れ、フライパンをゆすりながら香ばしくいためる。

三　火を止めてAを入れて全体にからめる。

材料（2〜3人分）

切りもち　2個
いり大豆　30g
サラダ油　大さじ1
A・砂糖　大さじ2
　・しょうゆ　大さじ1

〈池袋教室〉横山ひとみ

節分のときの、いってある豆を使って作ります。もちがかたくなったら、電子レンジに30秒かけると、やわらかくなります。

5分（漬け時間は除く）　全量で995kcal　保存方法 漬けた状態で冷蔵　保存期間 1週間

クリームチーズの西京みそ漬け

一　クリームチーズは2〜3つに切る。

二　保存容器に西京みそを敷いて、チーズを入れ、さらにみそをのせて、漬けこむ。半日以上おく。

三　食べるときは、みそをこそげとって、食べやすく切る。クラッカー（材料外）にのせて食べるとおいしい。

材料

クリームチーズ　1箱（250g）
西京みそ（白みそ）　300g

甘い西京みそとクリームチーズが何気に合います。このみそ床はチーズだけなら3回くらい使えます。チーズのあと魚や肉を入れて、もう1回使うこともできますよ。（三笠）

15分　47kcal　保存方法 冷蔵　保存期間 2〜3日

かみなりこんにゃく

弁当

一　こんにゃくは片面に細かい切りこみを入れ、2cm角に切る。3〜4分ゆで、水気をよくきる。A は合わせておく。

二　フライパンに油を温め、こんにゃくを中火で1〜2分いためて水分をとばす。

三　チリチリしてきたら A を入れ、中火で水分がなくなるまで混ぜながらいりつけ、仕上げに七味とうがらしをふって火を止める。

材料（4人分）

こんにゃく　1枚（250g）
サラダ油　大さじ1
A
・酒　大さじ2
・しょうゆ　大さじ1/2
・みりん　大さじ1
・砂糖　小さじ1
七味とうがらし　少々

〈渋谷教室〉青木紀子
居酒屋さんに昔からある1品。こんにゃくをいためるときの音が、「かみなり」のようにうるさいので、こう呼ばれます。コロコロ感もかわいいので、お弁当にも入れます。

10分（漬け時間は除く） 76kcal　保存方法 冷蔵　保存期間 食べられる状態から4～5日

いかにんじん

一 Aを鍋に入れて火にかけ、ひと煮立ちさせてさます。

二 にんじんは3～4㎝長さの細切りにする。スルメはにんじんと同じくらいの大きさに、キッチンばさみで切る。

三 保存容器に一と二を入れ、冷蔵する。2～3日するとスルメから味が出て、やわらかくなる。盛りつけるときは、あれば、ゆずの皮のせん切り少々（材料外）をのせて。

材料（4人分）

にんじん　1本（200g）
干しスルメ　50g
A ・だし　150㎖
・しょうゆ　大さじ3
・みりん　大さじ2
・酒　大さじ1

〈渋谷教室〉宗像陽子　〈大宮教室〉喜田千裕

酒の肴にぴったり。好みで、赤とうがらしの小口切りを一緒に漬けても。（宗像）

福島県の正月料理のひとつです。写真のようにゆずの皮のせん切り少々をのせると正月らしくなります。（喜田）

20分（冷やす時間は除く）　145kcal　保存方法 冷蔵　保存期間 2日

ピーナッツ豆腐

一　かたくり粉を分量の水でよくとく。

二　鍋にピーナッツバターを入れて、一を少しずつ加えながら練り混ぜる。強火にかけ、よく混ぜる。まわりが少し固まりかけたら弱火にし、ひとかたまりになって鍋肌からはがれるようになるまで10～15分、練る。

三　水でぬらした流し箱や器に入れ、表面を平らにならし、冷蔵庫で1～2時間冷やして固める。切り分ける。

材料（4人分）

ピーナッツバター（無糖または微糖）　70g
かたくり粉　50g
水　300㎖

〈渋谷教室〉　植田治美

ごま豆腐のピーナッツ版。九州の郷土料理で、母の味です。練るときにちょっと力がいります。ゆずみそやわさびじょうゆをつけても美味。甘いピーナッツバターで作ると、お菓子のようでまたおいしい。

15分　124kcal　保存方法 冷蔵　保存期間 2日

にんじんのめんたいきんぴら

弁当

一 にんじんは4～5cm長さの細切りにする。

二 めんたいこは薄皮に切り目を入れて、包丁の先でしごき出し、酒と合わせる。

三 フライパンに油を温め、にんじんをいためる。しんなりしたら二を加え、汁気がなくなるまでいためる。味をみてから、塩を加える。

材料（2～3人分）

にんじん　1本（200g）
辛子めんたいこ　1/2腹（40g）
酒　大さじ2
サラダ油　大さじ1
塩　少々

〈大宮教室〉 廣兼久仁子

出身が福岡なので、辛子めんたいこをいろんな料理に使います。味が決まるので便利です。

天ぷら粉を使えば、誰でもカリッとおいしい天ぷらが揚げられます。
冷蔵庫にあるちょっとしたものを「天ぷら粉で揚げる」酒の肴です。

わかめとじゃがいものかき揚げ

一 わかめは水でもどし、水気をしぼる。あらくきざむ。

二 じゃがいもは、5㎜角くらいの棒状に切る。

三 天ぷらの衣を作り、一とじゃがいもをさっくり混ぜる。4つに分け、160～170度Cの油で揚げる。

材料（約4個分）

じゃがいも　小1個（150g）
カットわかめ（乾燥）　大さじ1（3g）
［天ぷら粉　カップ1/2（約50g）
　水　天ぷら粉の表示指示量に従う
揚げ油　適量

20分　1個 141kcal

〈梅田教室〉瀬波恵子
チーズやじゃこをプラスしてもおいしいですよ。

紅しょうがとたまねぎのかき揚げ

10分　1個 129kcal

大阪出身者の多くから寄せられたレシピは“紅しょうがだけの天ぷら”ですが、たまねぎをプラスしてみると、より美味に！（三笠）

材料（約4個分）

紅しょうが　20g
たまねぎ　150g
天ぷら粉　カップ1/2（約50g）
水　天ぷら粉の表示指示量に従う
揚げ油　適量

一　たまねぎは薄切りにする。

二　紅しょうがは汁気をきる。

三　天ぷらの衣を作り、たまねぎと紅しょうがをさっくりと混ぜ、4つに分け、160〜170度Cの油で揚げる。

いりこ（煮干し）の天ぷら

一　天ぷら粉と水を合わせて衣を作り、いりこを入れてさっくり混ぜる。

二　180〜190度Cの油に、一を適量ずつスプーンですくって入れ、揚げる。

三　レモンを添える。

材料（1〜2人分）

いりこ（小さめ）　30g
天ぷら粉　カップ 1/3（約 35g）
水　天ぷら粉の表示指示量に従う
揚げ油　適量
レモン（くし形）　1/8 個

〈柏教室〉羽石聖子

わが家では天ぷらの衣が残るとよく作ります。カルシウムたっぷりで、ビールのつまみにぴったりです。いりこは主に西日本で、かたくちいわしの煮干しを言います。

ガネ（さつまいもの味つき天ぷら）

弁当

一　さつまいもは皮つきのまま斜め薄切りにし、細く切る。水にさらして水気をきる。

二　Aを合わせて混ぜ、天ぷらの衣を作る。さつまいもを入れてさっくり混ぜる。

三　適量ずつ、160〜170度Cの油で揚げる。

材料（2人分）

さつまいも　150g
A・天ぷら粉　カップ1/2（約50g）
・水　天ぷら粉の表示指示量に従う
・いりごま（黒）　小さじ1
・砂糖　大さじ1/2
・しょうゆ　小さじ1/2
揚げ油　適量

〈福岡教室〉杉谷由紀子

ガネとは九州の方言でカニのことです。揚げたときの形がカニに似ていることからこう呼ぶようですね。沖縄の天ぷらもそうですが、味つきの衣で揚げると、何もつけなくてもおいしいので、お弁当にも。

ちょっとしたアイディアで、ちょっと「目先を変える」おつまみ。
「これ何？」と驚かれる楽しみがあります。

白い側に切りこみを入れる。

焼き目側にペーストを塗る。

白い側を見せてとめる。

ちくわのいかもどき

一　梅干しは種を除く。しそはみじん切りにする。一緒にたたいて梅じそペーストを作る。

二　ちくわは1本を3等分に切る。ちくわを開いて、内側の白い部分に細かく斜めの切りこみを入れる。

三　焼き目の側に梅じそペーストを塗る。

四　切りこみの面が外にくるように巻いて、ようじでとめる。

材料（6個分）

ちくわ　小2本
梅干し　1個
しその葉　1枚
つまようじ　6本

10分　1個 11kcal

〈名古屋教室〉林啓子
かんたんで安あがりなのに、見映えがします。誰もがいかだとだまされ、味も好評ですよ。

とりささみのつるりんピリ辛

一　ささみは筋があればとり、食べやすい大きさにそぎ切りにする。

二　塩と一味とうがらしをふり、かたくり粉をまぶす。

三　沸とうしたたっぷりの湯でゆでる。衣に透明感が出たら冷水にとり出す。

四　酢、しょうゆ、ラー油を好みの味になるように合わせておき、三にかける。あれば香菜《シャンツァイ》（材料外）を飾る。

材料（2人分）

とりささみ　2本
塩　少々
一味とうがらし　小さじ1/6
かたくり粉　大さじ2
酢・しょうゆ・ラー油　各適量

10分　92kcal

かんたんなのに、ちょっとごちそう風？　辛いのがにが手な人は、ラー油はなくてもいいですし、梅肉やめんたいこなどであえてもおいしいですよ。（三笠）

ゆで卵の牛肉巻き

弁当

一　卵は水からゆで、沸とうするまでは箸で卵を静かにころがす（黄身がまん中にくる）。沸とうしたら弱火にして3分ゆで、火を止めてふたをし、そのまま10分おく。Ａは合わせておく。

二　ゆで卵の殻をむく。牛肉を広げて薄く小麦粉をふり、その面に卵をのせて巻く。

三　フライパンに油を温め、二をころがしながら焼く。焼き色がついたらＡを入れ、煮からめる。

材料（2人分）

牛もも肉（薄切り）　2枚（50g）
小麦粉　小さじ1/4
卵　2個
サラダ油　小さじ1
Ａ・砂糖　大さじ1
・酒　大さじ2
・しょうゆ　大さじ1
・みりん　大さじ1

〈梅田教室〉　菊元明美

親戚が集まった席に、よく出てきた1品です。たれにつけたまま冷蔵庫に入れておき、出すとき写真のように切ると、きれいです。肉に小麦粉をふることで、すべらずきれいに巻けます。

たけのこのから揚げ

弁当

一 たけのこはひと口大に切り、Aに30分以上、時々上下を返しながら漬けておく。

二 汁気をペーパータオルでふき、小麦粉を薄くまぶす。

三 油を170～180度Cに熱し、たけのこを揚げる。

材料（2人分）

ゆでたけのこ　100g
A ・酒　大さじ1/2
　・しょうゆ　大さじ1/2
小麦粉　大さじ1/2
揚げ油　適量

〈銀座教室〉今井由美子

たけのこが茶色になるくらい長くつけ汁に漬け、味をしみこませてから揚げるとおいしい。

ツナの揚げぎょうざ

弁当

一　たまねぎはみじん切りにする。ツナ缶は汁をきる。

二　一とAを混ぜ合わせ、8等分する。

三　ぎょうざの皮に二をのせて包み、皮のまわりをフォークの先でおさえてしっかり閉じる。170度Cの油で揚げる。

材料（8個分）

ぎょうざの皮　8枚
たまねぎ　30g
ツナ缶（小）　1/2缶（約50g）
A ・マヨネーズ　大さじ1
・トマトケチャップ　小さじ1/2
・塩・こしょう　各少々
揚げ油　適量

〈銀座教室〉石井和子

ぎょうざの皮が残ったときに作ると、喜ばれます。隠し味のケチャップがポイント。子どもも好きな1品です。ぎょうざの皮はほかにも、揚げてサラダに入れたり、切ってスープに入れても。

15分　1個66kcal

高野豆腐のソーセージはさみ揚げ

弁当

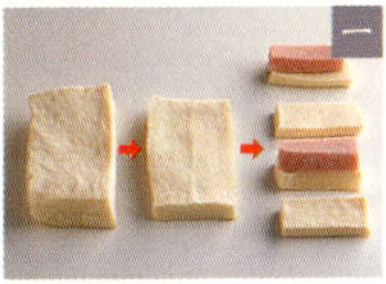

厚みを半分にし、4等分に。

一　高野豆腐は表示どおりにもどし、水気をしぼる。厚みを半分にし、さらに4等分に切る。その大きさに合わせてソーセージを切る。

二　高野豆腐2切れでソーセージをはさみ、のりで巻き、巻き終わりに混ぜ合わせたAを塗ってとめる。

三　170度Cの油で、1〜2分、揚げる。

材料（4個分）

高野豆腐　1個
魚肉ソーセージ　50g
のり　適量
A・小麦粉　小さじ1
　・水　小さじ1/2
揚げ油　適量

〈池袋教室〉矢吹百合子

え？　これ何？　と必ず聞かれます。食感もおもしろく、正体を当てられる人はいません。ゆずみそやさんしょうみそ少々をつけて食べても美味です。

捨てる部分なし！「残りもの活用」のかんたんおつまみです。
捨てがちなもの、残りものがきれいにかたづき、しかも美味。

【いかのわたで】

するめいかのわたバターいため

一 いかは、わた袋と足を切り離す。足は2～3本に切り分け、食べやすい長さに切る。胴は1.5cm幅の輪切りにする。（詳しいいかのさばき方⇒54～55ページ）

二 わた袋から墨袋をはずす。

三 フライパンにバターを溶かし、わた袋ごと入れる。くずしながらいため、溶けてきたら、胴と足を入れて火が通って白くなるまでいためる。

材料（2人分）

するめいか　1杯
バター　20g

15分　241kcal

〈銀座教室〉田中和代
バターでいためるだけ。ほかの調味料はいりません。

【いかのわたで】

するめいかのオーブンわた焼き

一　いかの足は2～3本に切り分け、食べやすい長さに切る。エンペラも食べやすく切る。ねぎは小口切りにする。

二　わた袋から墨袋をはずし、3つに切る。

三　一と二を耐熱皿にのせ、酒をふる。いかに火が通るまで、オーブントースターで7～9分焼く。

四　好みでしょうゆをかける。わたをくずしながら食べる。

材料（2人分）

するめいかの足、エンペラ、わた　1杯分
酒　小さじ1
ねぎ　5㎝
しょうゆ　少々

15分　123kcal

〈銀座教室〉田中菊子

いかの胴を使った残りとわたをオーブントースターで焼くだけ。日本酒にぴったりのおつまみです。

【いかのわたで】
いかわたのガーリック油焼き

一　にんにくはすりおろす。わた袋から墨袋をはずす。

二　耐熱容器にAを合わせ、わた袋を漬けて30分おく。

三　オーブントースターで5〜6分焼く。わた袋をくずして混ぜる。

四　パンを切って軽くトーストし、三をつけて食べる。

材料（2〜3人分）

するめいかのわた　1杯分
A
- にんにく　3g
- オリーブ油　大さじ2
- 赤とうがらし（小口切り）　3切れ
- しょうゆ　小さじ1/2

フランスパン　適量

10分（漬けおく時間は除く）　191kcal

いかのわただけを使いました。濃厚な味わいで、白ワインと合います。

酒の肴・講座

自分でいかをさばくなら…

いかの下ごしらえって大変そう……そう思っていませんか？
でも、やってみれば、えっ？と思うほどかんたんです。
揚げものに使うなら、皮をむくので（皮をつけたまま揚げるとはねるので）めんどうですが、50〜51ページの料理なら、内臓をとり出して、洗って切るだけでOK。

いかの部位の名称

1

胴の中に指を入れ、頭と胴のくっついているところをはがす。

2

手でエンペラの下を押さえ、もう一方の手（利き手）で頭を持って、内臓（わた）を引き出す。

3

胴から軟骨（薄いプラスチックのようなもの）を引っぱり出す。

4

足を目の下から切り離す。

5

胴の中を流水で洗い流し、足も洗う。

6

足は切り目を入れて開き、かたいくちばし（茶色で丸いもの）をとる。

7

足を作る料理に合わせて、切る。

8

口あたりをよくするため、吸盤を手でしごきとる。

わたは使う前に墨袋をとる

わた袋についている墨袋をつまんで、静かに引き離す。破れると墨が飛び散るので気をつけよう。

【ねぎの緑の部分で】

ねぎみその田楽

一 しいたけは軸をとる。焼きどうふは4等分する。

二 グリルでしいたけとどうふを温まるくらいに焼き、裏返してねぎみそを塗る。少しこげめがつくまで焼く。それぞれ串に刺すと食べやすい。

〈ねぎみそ〉の作り方

❶ねぎの緑の部分1本分をあらみじんに切る。

❷みそ50g、みりん大さじ1、酒大さじ1をよく混ぜ合わせる。

❸❷に❶を入れて混ぜる。

5分　全量で136kcal

保存方法　冷蔵

保存期間　2〜3日

材料（2人分）

焼きどうふ　1/2丁（150g）
しいたけ（大きめのもの）　4個
ねぎみそ　適量

15分　105kcal

ねぎの緑の部分を捨てないで作るねぎみそ。保存容器に入れて冷蔵で2〜3日保存できます。作っておくと、いろいろな田楽に使えますよ。（三笠）

【ねぎの緑の部分で】

ゆで豚のねぎしょうがあえ

一 水を沸とうさせ、酒を加え、肉を1枚ずつさっとゆでる。

二 ねぎしょうがであえる。

5分　127kcal

材料（2人分）

豚薄切り肉（しゃぶしゃぶ用）　100g
酒　大さじ1
ねぎしょうが　適量

ねぎの緑の部分としょうがを使って作っておきます。保存容器に入れて、冷蔵で３～４日保存可。いためものにも使えます。（三笠）

〈ねぎしょうが〉の作り方

❶ねぎの緑の部分１本分としょうが20gはあらみじんに切る。

❷❶をボールに入れ、塩小さじ1/4、こしょう少々、ごま油小さじ1/2を加えて混ぜる。

5分　全量で30kcal　保存方法 冷蔵　保存期間 ３～４日

【ねぎの緑の部分で】

豚《とん》トロ焼き・ねぎしょうがのせ

一　フライパンで豚トロをカリッとするまで中火で焼く（肉から脂が出るので、油はなしで）。

二　ねぎしょうがをのせる。

10分　186kcal

材料（２人分）

豚トロ（焼き肉用）　100g
ねぎしょうが　適量

【魚の骨で】

骨せんべい

一 中骨をざるに並べ、両面に塩をふる。５分ほどおいて、水気をふく。

二 揚げ油を１６０度Ｃに熱し、骨を入れる。２〜３分揚げて薄く色づいたらとり出し、油の温度を１８０度Ｃに上げ、骨をもう一度入れてカラッと揚げる。好みで塩をふる。

材料

おろしたあとに残った
　魚の中骨（あじやいわし）　適量
塩　少々
揚げ油　適量

〈渋谷教室〉青木紀子

自分で魚をおろしたとき（P.28〜29参照）は、ぜひチャレンジしてみて！　骨を捨てるのが、もったいなくなるはず。

【残ったもちで】
揚げだしもち

一 もちは半分に切る。深めのフライパンに入れ、油をもちがかくれるくらいまで入れる。弱火にかけ、徐々に中火にしていき、ふっくらするまでじっくり揚げ焼きにする。

二 だいこんはすりおろし、ねぎは小口切りにする。

三 鍋にAを合わせ、温める。

四 器にもちを入れ、三をそそぎ、二をのせる。

材料（2人分）

切りもち　2個
だいこん　100g
万能ねぎ　2本
A
・だし　100㎖
・しょうゆ　大さじ2
・みりん　大さじ1/2
サラダ油　適量

残ったもちも、ちょっと上品な酒のつまみに変身。色が悪くなりますが、調味だしにつけた状態で冷蔵庫に入れておけば、翌日も食べられます。市販のめんつゆを使っても。（三笠）

【残ったもちで】

チーズ磯辺もち

一 フライパンに油を温め、もちを並べる。弱火で、時々裏返しながら4～5分焼く。

二 Aを合わせる。チーズは半分に切る。

三 もちがやわらかくなったらとり出し、Aをからめる。チーズをのせ、のりで巻く。

材料（２人分）

切りもち　２個
サラダ油　大さじ1/2
スライスチーズ　１枚
A ・砂糖　大さじ１～1·1/2
　・しょうゆ　大さじ1/2
のり　適量

〈銀座教室〉田中菊子
おもちの、うちの定番の食べ方。時間がたって、かたくなっても電子レンジにかければやわらかくなります。

【残ったもちで】

ねぎもち

一 ねぎは斜め薄切りにする。

二 フライパンにねぎを敷きつめて水をふり、もちをのせてふたをする。ようすを見ながら、ごく弱火で10～15分、もちが溶けるまで蒸し焼きにする。

三 もちが溶けたら、皿に裏返してとる。けずりかつおを散らし、しょうゆをかける。

材料（2人分）

切りもち　2個
ねぎ　1本（100g）
水　大さじ1
けずりかつお　適量
しょうゆ　適量

〈銀座教室〉神谷晴美

正月明けには必ず残ってしまう、おもちとねぎの活用法です。

15分　1個70kcal

【残った漬けもので】

甘酢しょうがの肉巻き揚げ

弁当

一　豚肉を広げ、酒としょうゆをまぶす。甘酢しょうがをのせて巻く。

二　一に小麦粉をまんべんなくまぶし、170～180度Cの油で揚げる。

材料（6個分）

豚薄切り肉　6枚（150g）
酒・しょうゆ　各大さじ1/2
甘酢しょうが　30g
小麦粉　大さじ1
揚げ油　適量

〈藤沢教室〉西貝恵子

甘酢しょうがは、市販のおすしを買うとついてくるし、ちょっと余ったりしがちです。そんなときに作ります。

【残った漬けもので】

セロリのしば漬けいため

弁当

一 セロリの茎は斜め薄切り、小枝や葉は食べやすく切る。しば漬けはあらみじんに切る。

二 ベーコンは1cm幅に切る。

三 フライパンに油を温め、ベーコン、セロリの茎、小枝、葉の順にいためる。油がまわったら、しば漬けを加えて全体をよく混ぜ、火を止める。

材料（2人分）

セロリ（葉つき）　1本
ベーコン　1枚
しば漬け　15g
サラダ油　大さじ1/2

〈藤沢教室〉西貝恵子

味つけはしば漬けだけ。味見をしてものたりないようなら、塩、こしょうやしょうゆを少々。セロリの葉もむだなく使えば、冷蔵庫がすっきりかたづきます。

【残った漬けもので】

漬けものの卵いため

一

はくさい漬けは、3cm幅のざく切りにし、水気をしぼる。卵はときほぐす。

二

フライパンにバターを温め、はくさい漬けを入れて中火でいためる。しんなりしたら、とき卵をまわし入れ、半熟になったら火を止める。

三

皿に盛って、けずりかつおをのせる。好みで七味とうがらしをふってもよい。

材料（2人分）

はくさい漬け　150g *
卵　2個
バター　10g
（ごま油小さじ1でもOK）
けずりかつお　適量
（好みで）七味とうがらし　少々

*はくさいのほか野沢菜でもかぶの葉でも何でもOK。熟成し、すっぱくなっているもののほうがおいしい。

岐阜県飛騨地方の家庭では、昔から、すっぱくなった古漬けの漬けものを焼いて食べました。食べものをむだにしないで、おいしく食べきる知恵ですね。バターでいためることで、コクを出した1品です。（三笠）

ふだんのおかずにもなる、どーんとおつまみ

お酒がなくても、ふつうに今晩のおかずとして充分な料理ばかりです。かんたんで、おいしくて、経済的。同じような食材を使っても、各家庭で全然違う味の料理になっているので、材料を使いまわして、いろいろな味をお試しください。

けんちょう

一

だいこんとにんじんは、2～3㎜厚さのいちょう切りにする。とうふはペーパータオル2枚で包み、皿にのせて電子レンジで約2分加熱し、水きりする。

二

フライパンにごま油を温め、だいこんとにんじんをいため、しんなりしてきたら、とうふを手でちぎりながら加えていためる。

三

砂糖、しょうゆを入れて混ぜる。ほぼ汁気がなくなり、だいこんに火が通ったら火を止める。

材料（2人分）

だいこん　100g
にんじん　40g
もめんどうふ　1丁（300g）
ごま油　大さじ1
砂糖　大さじ1
しょうゆ　大さじ1

20分　206kcal

〈柏教室〉吉田美千代

山口県のポピュラーな家庭料理。その家によって味つけや入れるものが少しずつ違います。たくさん作って翌日食べても、味がしみておいしいですよ。ごはんにも合います。

20分　全量で761kcal　保存方法 冷凍　保存期間 1か月

とりねぎ

弁当

一　とり肉は厚みが均等になるように、身を切り開き、酒をもみこむ。

二　ラップに皮を下にして肉を置き、ねぎをのせ、手前から巻きずしのように巻く。巻き終わりを下にして耐熱皿に。電子レンジで約5分加熱する。

三　フライパンにAを入れて弱火でとろりと煮つめ、ラップをはずした肉を入れ、ころがしながら、たれをからめる。

四　あら熱がとれたら、切って皿に盛る。

材料（1本分）

とりもも肉（皮つき）
　1枚（300g）
酒　大さじ1
ねぎ　1/2本
A
・砂糖　大さじ1/2
・みりん　50 mℓ
・しょうゆ　大さじ2

〈町田教室〉川澄のり子

味は焼き鳥！ 何本か作り、そのまま冷凍もOK。切ってラップで1個ずつ包んで冷凍すると、すぐに使えます。たれをからめずに焼き、だいこんおろしとぽん酢で食べてもおいしい。

なすのひき肉はさみ揚げ

一 なすは、へたのまわりに切りこみを入れて、がくを除く。片面に細かい切りこみを入れる。切り目を縦半分に入れ、切り口にかたくり粉少々（材料外）をまぶす。

二 ひき肉にAをよく混ぜ合わせ、なすの切り目に詰める。

三 １６０度Cの油に二を入れ、ゆっくりと揚げる。

材料（２人分）

なす　２個（140g）
豚ひき肉　80g
A
- ねぎ（みじん切り）　10g
- しょうが汁　小さじ 1
- 塩　小さじ 1/3
- かたくり粉　小さじ 1

揚げ油　適量

〈千葉教室〉 長久保涼子

見た目からか、実家では「くじら」と呼んでいます。食べにくいのが難点ですが、かぶりつくと、肉汁となすが口の中でとけておいしい。小なすで作っても、食べやすく切ってもよいですよ。

豚肉のりんご焼き

一　豚肉に、塩とこしょうをよくすりこんでおく。

二　りんごは半分に切り、芯を除く。皮をつけたままくし形に薄く切る。

三　フライパンに油を温め、豚肉を入れて全体に焼き色をつける。肉を包めるくらいの大きめのアルミホイルに置き、全体をおおうようにりんごをのせ、ワインをかけてホイルで包む。

四　２２０度Ｃのオーブンで25～30分焼く。竹串を刺して、肉汁が澄んでいたら焼きあがり。

五　肉は５～６㎜厚さに切り、ホイルに残った汁をかける。りんごと一緒に盛り、パセリを飾るとおしゃれ。

材料（４人分）

豚肩ロース肉（かたまり）　400g
　塩　小さじ 1/2
　こしょう　少々
紅玉りんご　1/2 個
サラダ油　大さじ 1/2
白ワイン　大さじ 3
（あれば）イタリアンパセリ　適量

40 分　287kcal

〈渋谷教室〉 堀江雅子

母がご近所の『洋行帰りの方』に教わったという料理。昔は天火や無水鍋で作ったものです。りんごは紅玉だと酸味もあって、皮色がきれいですが、青りんごでも美味。

豚ヒレ肉のりんご煮

一　りんごは、芯を除いて約8㎜厚さのくし形に、たまねぎはみじん切りにする。

二　豚肉はひと口大に切り、塩、こしょう、小麦粉をまぶす。フライパンに油大さじ½を温め、両面を焼いてとり出す。

三　鍋に油大さじ½を温め、たまねぎをいため、透明になったらりんごを加えてさっといためる。Aと二を加え、沸とうしたら、弱火で約10分、時々混ぜながら煮る。

材料（2人分）

豚ヒレ肉　200g
- 塩　小さじ1/6
- こしょう　少々
- 小麦粉　大さじ1/2

りんご　1/2個
たまねぎ　1/2個（100g）
A
- 水　100㎖
- スープの素　小さじ1

サラダ油　大さじ1

〈京都教室〉遠藤摩耶

母がよく作ってくれた料理で、わが家では『豚りんご』と呼んでいました。りんごの甘酸っぱさとヒレ肉のうまみが合います。

コンビーフとポテト、トマトの重ね煮

一

じゃがいもとトマトは、1cm厚さの輪切りにする。コンビーフはあらくほぐす。

二

小さめの鍋に、じゃがいも、トマト、コンビーフの各半量を順に重ねる。さらに残りのじゃがいも、トマト、コンビーフを順に重ねる。

三

Aを加えてふたをして火にかける。沸とうしたら弱火にし、約15分煮る。

材料（2人分）

コンビーフ
1/2缶（50g）
じゃがいも
大1個（200g）
トマト　1個（200g）
A
・水　50㎖
・スープの素
小さじ1/2

〈銀座教室〉沼田美和子

昔の母の料理で、印象に残るもののひとつです。家に買いおきしたもので作れるので、買物に行けないときは、よく作ります。

豚の白みそ煮

一
こんにゃくととうふは、8等分に切り、とうふは水気を軽くきる。

二
Aは合わせておく。

三
深めのフライパンに油を温め、豚肉をいためる。肉の色が変わったら、こんにゃくととうふを加えていため、Aを入れる。弱火で5～6分煮る。

四
しょうゆをまわしかけ、火を止める。

材料（2人分）

豚こま切れ肉　100g
こんにゃく（アク抜きずみ）　100g
もめんどうふ　1/2丁（150g）
サラダ油　大さじ1/2
A
・白みそ　大さじ1·1/2
・酒　大さじ2
・水　大さじ2
しょうゆ　小さじ1

15分　227kcal

甘めの白みそが、からんでおいしい。ごはんともよく合います。（三笠）

豚豆腐

一

だいこんは、小さめの乱切りにする。とうふは8等分に切り、水気を軽くきる。万能ねぎは小口切りにする。Aは合わせておく。

二

深めのフライパンに油を温め、豚肉をいためる。色が変わったら、だいこんを加えていため、透明感が出てきたらとうふを入れ、Aを入れて混ぜる。

三

2〜3分煮て、しょうゆをまわしかけ、ねぎを散らす。

材料（2人分）

豚こま切れ肉　100g
だいこん　200g
もめんどうふ
　1/2丁（150g）
万能ねぎ　3〜4本
サラダ油　大さじ1/2
A
・砂糖　小さじ1/2
・みそ　大さじ1·1/2
・酒　大さじ2
しょうゆ　少々

〈梅田教室〉田中美恵子

舅から姑に、そして私から今は社会人の息子に伝わる味です。息子が小さいころ、夜のお料理教室を担当するときは、よく作ってから出かけたものです。

豚とさといもの甘みそいため

一

さといもは、竹串がすっと通るくらいになるまで15分ほどゆでる。

二

万能ねぎは3～4㎝長さに切る。Aは合わせておく。

三

フライパンに油を温め、豚肉をいためる。色が変わったら、一のさといもを加えていためる。

四

全体に油がまわったところで、Aを入れて全体に混ぜ、ねぎを加えて汁気がなくなるまでいためる。

材料（2人分）

豚こま切れ肉　80g
さといも　小6個
万能ねぎ　4～5本
サラダ油　大さじ1/2
A ・砂糖　大さじ1
・みそ　大さじ1·1/2
・水　50㎖

〈難波教室〉吉澤晴代

さといもでボリュームが出ます。さといもが大きいようなら2～3つに切りましょう。ねぎは青菜に代えても。

豚ねぎ天

弁当

一 Aを合わせ、豚肉を広げてつける。

二 ねぎは6等分（約5㎝長さ）に切る。ねぎを芯にして一の肉を巻く。

三 天ぷら粉と水を合わせて衣を作る。二に衣をつけ、170～180度Cの油で揚げる。

材料（2人分）

豚薄切り肉　6枚（150g）

A
- 酒　大さじ1/2
- しょうゆ　大さじ1/2
- しょうが汁　小さじ1/2

ねぎ　1本

［ 天ぷら粉　カップ1/3（約35g）
　水　天ぷら粉の表示指示量に従う

揚げ油　適量

〈柏教室〉藤原美香

冷蔵庫のちょっとした材料で作れます。火の通りも早いし、天ぷら粉で作るのでささっと失敗なくできますよ。

豚れんこんはさみ揚げ

弁当

一 れんこんは6~7㎜厚さの輪切りを8枚作る。

二 豚肉はれんこんの大きさに合わせて切る。Aを合わせ、肉を広げてつける。

三 れんこんに天ぷら粉少々を薄くまぶしてはたき、二の肉を4等分ずつ、汁気をきって2枚ではさむ。

四 三に天ぷらの衣をつけ、160~170度Cの油で揚げる。

材料（2人分）

豚薄切り肉　30 ～ 50g
A ・練りがらし　小さじ 1/2
　・しょうゆ　小さじ 1
　・みりん　小さじ 1
れんこん　5 ～ 6 ㎝
天ぷら粉　少々
［天ぷら粉
　カップ 1/3（約 35g）
　水　天ぷら粉の
　表示指示量に従う
揚げ油　適量

〈池袋教室〉 中村友季子

主婦になったばかりのころ、近所の人に教えてもらった料理です。熊本のからしれんこん風でもありますが、ずっとかんたんです。

キムチ入りマカロニサラダ

一　卵は水からゆで、沸とうしたら火を弱めて3分、火を止めてふたをし、そのまま約10分おく（かたゆでになる）。

二　キムチは細切り、にんじんは3cm長さの細切り、アスパラは3cm長さの斜め薄切りにする。

三　マカロニは表示どおりにゆで、ゆであがる1分前ににんじんとアスパラを入れて一緒にゆであげる。ゆで卵の殻をむき、あらくつぶす。

四　Aを合わせ、三とキムチを入れて混ぜる。

材料（2人分）

はくさいキムチ　80g
にんじん　50g
グリーンアスパラガス　2本
卵　1個
マカロニ　50g
A ・マヨネーズ　大さじ3
　・こしょう　少々

20分　284kcal

〈名古屋教室〉阿知和由美子
この組み合わせ、へえーとみんなが驚きます。キムチの量は好みで加減してください。

牛肉のソースパン粉焼き

一　肉にからしをまんべんなく塗り、ウスターソースに約10分つける。汁気をきり、パン粉を全体にまんべんなくまぶす。

二　フライパンに油を温め、肉の両面を色よく焼く（中は赤いくらいで充分）。仕上げにバターを入れる。

三　皿に盛り、レタスをちぎってトマトとともに添える。からしとウスターソース各適量（材料外）をつけて食べる。

材料（2人分）

牛ももステーキ用肉　2枚（300g）
練りがらし　大さじ1/2
ウスターソース　大さじ2
パン粉　カップ1/2（20g）
サラダ油　大さじ2
バター　10g
レタス　2枚
（あれば）ミニトマト　適量

作ってみると、すごくかんたん。関西の方に教えてもらったレシピです。一度食べると、病みつきになる味で、油をオリーブ油にするとより美味。添えには、キャベツのせん切りも合います。（三笠）

話題のご当地名物も、わが家では昔からの定番です

各地の料理を「ご当地グルメ」と称して、ＴＶや新聞・雑誌などメディアでとりあげることが多くなりました。でも、それら名物料理も、わが家では昔から食べてきた1品です。

ほたて貝焼きみそ

一 ねぎは斜め薄切りにし、貝柱は1個を4等分に切る。

二 ほたての貝殻1つにだしの半量（50㎖）とみその半量を入れて火にかける。沸とうしたら酒大さじ1を加え、卵1個をといてまわし入れる。

三 貝柱、ねぎの各半量を加え、沸とうしたら弱火にして1～2分煮て、しょうゆを加える。

四 同様にしてもう1つ作る。

材料（2人分）

ほたて貝柱（刺し身用）　4個
ほたて貝殻（あれば）　2個
ねぎ　1/2本（50g）
卵　2個
だし　100㎖
みそ　大さじ1·1/2
酒　大さじ2
しょうゆ　少々

15分　170kcal

子どものころは、ほたてのほかにウニがよく入っていました。青森津軽の郷土料理らしいですが、岩手でも食べます。ほたての貝殻は、できるだけ大きくて安定したものを使いましょう。なければ、小さめのフライパンや鍋でまとめて作れます。（三笠）

手羽先のチョキ揚げ

一

手羽先に塩をふり、手でもみこんで約10分おく。小麦粉をまぶし、余分な粉ははらう。

二

160度Cの油で、手羽先を4～5分揚げて、いったんとり出す。

三

油を180度Cに上げ、二をもどしてこんがり色がつくまで揚げる。すぐに、こしょうを多めにふる。

材料（2人分）

とり手羽先　6本
塩　小さじ1/3
小麦粉　大さじ1
黒こしょう　適量
揚げ油　適量

20分　229kcal

〈渋谷教室〉青木紀子

ごぞんじ名古屋名物の酒のつまみです。2度揚げすることで、皮がパリパリに香ばしくなります。

いもフライ

弁当

一 じゃがいもは皮つきのまま半分に切る。キャベツはせん切りにする。

二 じゃがいもは切った面を下にして皿にのせ、ぬらしてしぼったペーパータオルでおおい、電子レンジで約2分加熱する。裏返してさらに約2分加熱する。

三 じゃがいもをさらに3〜4つに切り、塩、こしょうをふる。

四 Aを合わせて衣を作り、三のじゃがいもにつけ、パン粉をまぶす。

五 170〜180度Cの油で揚げる。キャベツと一緒に盛り、ソースをたっぷりかける。

材料（2人分）

じゃがいも　小2個（200g）
塩・こしょう　各少々
A ・小麦粉　大さじ1
　・卵　1/2個
パン粉　カップ1/2（20g）
揚げ油　適量
キャベツ　1枚
ソース　適量

25分　339kcal

〈大宮教室〉山口克子

夫の大好物で、栃木の実家に行くと母がよく作ってくれます。ビールに合いますが、多めに作っておかずやお弁当にすることもあります。お店で売られているのは、串に刺して、たっぷりの特製ソースがかけてあります。

ポテトドッグ

一

じゃがいもは皮をむき、半分に切って鍋に入れる。ひたひたの水にスープの素を加えて、竹串がすっと通るまでゆでる。

二

ホットケーキミックスを、分量の水でといて、かための生地にする。

三

じゃがいもを二の生地にからめて、１７０度Cの油で揚げる。

四

食べるときはケチャップをつける。串や割り箸に刺してどうぞ。

材料（12 個分）

じゃがいも　小 6 個（600g）
スープの素　小さじ 1/2
ホットケーキミックス　100g
　水　65 ～ 70 ㎖
揚げ油　適量
トマトケチャップ　適量

30 分　1 個 99kcal

〈札幌教室〉 菅野三千代

北海道ではおなじみ、中山峠の「揚げいも」です。小さいころから母が真似て作ってくれました。子どもが大好きなのですが、大人にはビールのつまみとして最適。

ほかにもあります

超かんたんおつまみ3行レシピ

弁当 ＝お弁当にも使えます

しその甘みそはさみ焼き

みそと砂糖を1対1で混ぜ、しその葉に塗って巻き、軽く焼きます。酒の肴だけでなく、ごはんの友にも、常備菜としても。

福岡教室◉三輪節子

ねぎのバターいため

ねぎの斜め薄切りをたっぷりのバターでいため、しょうゆ少々をかけます。熱々をどうぞ。

横浜教室◉田村郁子

てっぽう豆

乾燥大豆をフライパンで、表面にこげめがつくまで香ばしくいるだけ。そのまま、あるいはしょうゆをつけながら食べます。

名古屋教室◉長谷川和子

とり皮のパリパリ焼き

とり皮をフライパンでパリパリに焼き（出てくる脂をペーパータオルでとりながら）、最後にしょうゆをジュッ！

千葉教室◉香川瑛子

なすの即席漬け

弁当

なすを薄切りにして塩でもみ、けずりかつおとしょうゆをかけます。

千葉教室◉香川瑛子

みょうがのみそいため

弁当

みょうがを薄切りにして、ごま油でさっといためて、酒、みそで味つけ。

池袋教室◉矢吹百合子

豆腐なます

おせちで残ったなますに、水きりしたとうふをくずして混ぜて、しらあえ風に。

渋谷教室◉細見玲子

納豆のり揚げ

のりで納豆をはさみ、天ぷらの衣をつけてさっと揚げます。

吉祥寺教室◉室生真理子

なすとピーマンのしょうゆいため

フライパンでなすとピーマンをいため、しんなりしたら、酒としょうゆで味つけ。

大宮教室◉野間浩子

ピーナッツなます

弁当

なますの甘酢に、あらくすったピーナッツも混ぜて、あえます。こくが出ておいしい。

いかのたらこあえ

刺し身用のいか(細切り)を、ほぐしたたらこ（酒少々をふる）であえるだけで、ちょっとしたおつまみが完成！

京都教室◉中島明子

きゅうりのめんたい酢のもの

きゅうりの小口切りを塩でもみ、しらす、細かく切っためんたいこと一緒に三杯酢であえます。

大宮教室◉廣兼久仁子

揚げずにから揚げ

弁当

とりもも肉をそぎ切りにし、塩こしょう、小麦粉をまぶして、フライパンにやや多めの油を入れて表面をカリッと、よく焼きます。

梅田教室◉隈部幸子

クレソンのローストビーフ巻き

クレソンを市販品のローストビーフで巻くだけ。添付のホースフディッシュとソースをのせて（なければ練りわさびとしょうゆ少々でもＯＫ）。

のりぱりウィンナー

焼いたウィンナーソーセージに粒マスタードをつけ、カットした焼きのりで巻いて食べます。のりのぱりぱり感がよく合います。

銀座教室◉石井和子

いなりポテサラ揚げ

弁当

ポテトサラダが残ったら、油揚げを裏返して中に入れ、口を閉じて揚げます。サラダコロッケ風になり、お弁当にもよいです。

横浜教室◉伊藤まゆみ

いなり納豆

油揚げに、けずりかつおと、きざんだねぎを混ぜた納豆を入れ、口を閉じてフライパンで焼きます。

札幌教室◉山内かつみ

もちあられ

鏡もちは細かく割って乾燥させ、冷たい油に入れてゆっくり加熱、ふっくらしたら油をきって塩をふると、ビールのおつまみに。

仙台教室◉塩澤良恵

麩《ふ》の卵とじ

水でもどした麩を、だし、しょうゆ、みりんで煮、とき卵を流して半熟で火を止め、みつばを散らします。金沢の実家の料理です。

横浜教室◉井上比呂美

コンビーフとキャベツいため

弁当

ほぐしたコンビーフとざく切りキャベツをいためて、ソースあるいは塩、こしょうで味つけ。父が休日によく作ってくれました。

銀座教室◉有働佳子

漬けもののいためもの

弁当

漬かりすぎてすっぱくなった漬けものをよく洗ってから、ごま油でいためます。味つけはしょうゆやみそなど好みで。

名古屋教室◉小関彰子

桜えびの卵焼き

弁当

桜えびとしょうがのみじん切りをとき卵に混ぜ、ごま油で焼きます。静岡の実家でよく作る卵焼きで、お弁当にもきれい。

銀座教室◉田中和代

オニオンディップ

サワークリームに、パウダーのオニオンスープの素を混ぜるだけ。野菜スティックにつけて。

銀座教室◉吉田恵都

牡蠣《かき》の蒸し焼き

鍋の中に、たわしで洗った殻つきのかきを入れ、しっかりふたをして蒸し焼きに。口が開いたらとり出し、レモン汁をかけます。

池袋教室◉平本康子

焼きぎんなん

殻をとって薄皮ごとオーブントースターで焼くだけ。塩少々をふります。

名古屋教室◉石黒由美

野蒜《のびる》のみそあえ

のびるの根の白いところをそのまま、あるいは切って、みそと混ぜるだけ。

吉祥寺教室◉羽村雅子

白魚《しらうお》のかき揚げ

弁当

しらうお、切ったしいたけとみつばに天ぷらの衣をつけて、カラッと揚げます。

福岡教室◉海江田都志子

はくさいのいかわた焼き

はくさいのせん切りに、いかのわたと仙台みそを混ぜたものを合わせ、フライパンで蒸し焼きにします。

仙台教室◉八巻美和子

鍋を囲めば、はじける笑顔。ふるさとの、あるいはわが家特製の、自慢の鍋を集めました。鍋のよいところは、同じ野菜を使いまわしできて、味つけを変えれば、毎日でも飽きないおいしさ。　4～5人分のみんなで囲む鍋のほかに、1～2人分の小鍋仕立てのものをご紹介。

年中おいしい、うちの鍋、ふるさとの味

ひと口に「すき焼き」といってもいろいろ。入れる具材も違います。料理の先生たちが自慢のすき焼きを紹介します。

京都風のすき焼き

一 鍋を熱し、牛脂を入れ、脂がなじんだら肉適量を広げて入れる。色が変わってきたところに肉の表面がかくれるくらいの砂糖を入れる。ひと呼吸おいて、しょうゆを加え、端に寄せる。はくさいを入れ、ほかの野菜、しいたけ、とうふなどを順に加える。

材料（4～5人分）と下準備

牛ロース肉（薄切り）　400～600g
牛脂　適量
ごぼう　小1本（100g）
…………ささがき。水にさらして水気をきる
九条ねぎ（なければ青ねぎ）　100g
…………5㎝長さに切る
はくさい　200～300g
…………ざく切り
しいたけ　4～8個
…………軸をとり、飾り切り
しらたき　1袋（200g）
…………さっとゆでて食べやすい長さに切る
焼きどうふ　1丁（300g）
…………食べやすい大きさに切る
麩（すきやき麩）　4～5個
…………水でもどし、水気をしぼる
砂糖　適量
しょうゆ　適量
酒　適量
卵　4～5個
…………1人1個ずつ、器に割り入れる

下準備 15分　651kcal

〈池袋教室〉横山ひとみ

味つけは、鍋奉行の腕ひとつで決まります。その昔は、ぜいたくにもマツタケが入っていました。最後は、残った汁にうどんを入れて、すき焼きうどん。これが楽しみです。
割り下で作る場合は、P.109の基本の割り下で。

二

煮えたところから、とき卵をつけて食べ、味がうすくなるたびに（野菜から水分が出るので）砂糖、しょうゆを適量加える。煮つまるようなら、酒を適量加える。

たまねぎのすき焼き

一
鍋に油を熱し、肉とたまねぎの各適量を広げながら入れて焼く。

二
肉の色が変わったら、しらたき、えのき、割り下を適量加える。ふたをして、弱火。

三
たまねぎがやわらかくなったら、具をとき卵につけながら食べる。

材料（1～2人分）と下準備

牛ロース肉（薄切り）　100 ～ 200g
たまねぎ　1/2 個（100g）
…… 5 ～ 6 ㎜幅に切る
サラダ油　大さじ 1/2
しらたき　1/2 袋（100g）
…… さっとゆでて食べやすい長さに切る
えのきだけ　1 袋（100g）
…… 根元を切り落とす
割り下（砂糖…大さじ 1、みりん…大さじ 1、しょうゆ…大さじ 1･1/2、酒…大さじ 3）
…… 材料をすべて合わせておく
卵　1 ～ 2 個
…… 1 人 1 個ずつ、器に割り入れる

〈渋谷教室〉 中村かおり

たまねぎを入れると言うとエーッと驚く人もいますが、甘くておいしいんですよ。これなら 1 人のときも作れ、ごはんにのせれば、牛丼に。しらたきはアク抜きずみなら、切るだけ。

魚のすき焼き

一
鍋に割り下の半量と魚以外の材料を入れて火にかける。1～2分煮て、野菜がしんなりしたら片側に寄せ、魚を入れる。

二
煮えたものから器にとって、とき卵をつけて食べる。

三
煮汁が少なくなるたび、割り下をたして煮る。

材料（1～2人分）と下準備

たいの切り身 2切れ（200g）
……うろこの残りをていねいにとり、1cm幅のそぎ切り。塩小さじ1/3、酒大さじ1をまぶす

ねぎ 1本（100g）
……斜め切り

はくさい 1/4個（200g）
……ひと口大に切る

小結しらたき（アク抜きずみ） 6個

割り下（砂糖…大さじ1·1/2、酒…90㎖、しょうゆ…大さじ4、水…100㎖）
……材料をすべて合わせておく

卵 1～2個
……1人1個ずつ、器に割り入れる

〈藤沢教室〉 永田佐代子

田舎では、さわらなどを使ったすき焼きを食べました。たい、さわらやすずきなど白身で、新鮮なものを使いましょう。あっさりめの味つけです。

鶏《とり》のすき焼き（ひきずり）

一　鍋を中火で熱し、油ととりの脂を入れて、鍋全体になじませる。

二　とり肉の半量を入れて両面を焼き、半量の砂糖を全体に広げるようにふりかける。酒、しょうゆ、水のそれぞれ半量を入れ、ひと煮立ちしたら、うどん以外の材料を適量加える。煮えたものからとき卵をつけて食べ、適宜、具と調味料、うどんをたしながら食べる。

材料（4～5人分）と下準備

とりもも肉・むね肉　各１枚（500g）	余分な脂肪をとり除き、ひと口大のそぎ切り（脂はとりおく）
しらたき　１袋（200g）	熱湯でさっとゆでて、食べやすく切る
焼きどうふ　１丁（300g）	ひと口大に切る
ねぎ　６本	斜め切り
しいたけ　８個	軸をとり、飾り切り
サラダ油　大さじ１	
砂糖（あれば、ざらめ）　大さじ６	
酒　大さじ４	
しょうゆ・水　各 100 mℓ	
卵　４～５個	１人１個ずつ、器に割り入れる
ゆでうどん　２玉（500g）	

下準備 10 分　631 kcal

〈名古屋教室〉青木公子　〈柏教室〉寺川朋子

名古屋では地鶏、名古屋コーチンのすき焼き。ひきずりとは、肉を鍋の上でひきずるようにして焼くから。大晦日には「ひきずり」を食べ、その年のしがらみをひきずり終えて新年を迎えます。（青木）

実家では、父の味つけと決まっていました。近くにはとり専門店がありましたし、田舎に行けば、その場でしめたとり一羽で作り、内臓なども入っていました。（寺川）

牡蠣《かき》のみそすき焼き

一 鍋にごま油を熱し、ねぎとかきを入れ、中火で軽くいためる。

二 残りの材料を並べ入れ、強火にして酒をまわしかける。煮立ったら、みそだれを全体にかける。

三 中火で煮ながら、みそだれをからめて食べる。

材料(4〜5人分)と下準備

かき(むき身・加熱用)　300g	塩水(水カップ1+塩小さじ1の割合)に入れてふり洗いしてから、真水で2〜3回水をかえて洗い、水気をきる
焼きどうふ　1丁(300g)	ひと口大に切る
花麸(または焼き麸)　8個	水でもどし、水気をしぼる
ねぎ　2本	斜め切り
せり　1束(120g)	4〜5㎝長さに切る
しいたけ　8個	軸をとり、飾り切り
ごま油　大さじ2	
酒　大さじ2	
みそだれ(白みそ…大さじ2、赤みそ…大さじ1、砂糖…大さじ2、みりん…大さじ2、卵黄…1個)	材料をすべて合わせる

下準備 10分　266kcal

広島のかきの土手鍋は有名ですが、それをすき焼き風に作ってみました。秘伝のみそだれが自慢です。具がなくなったら、ごはんを入れておじや風に。おいしさを2度楽しめます。(浜村)

鍋もの・講座

すき焼きの味つけ、どうしてる？

すき焼きの作り方は、大きく分けて関西方式と関東方式があるようです。

関西方式は、肉を焼いたら直接、砂糖としょうゆ各適量を投入。味つけは各家庭の好み（鍋奉行次第）です。

関東方式は、先に「割り下」を作っておきます。

肉や野菜を焼いたら割り下をそそぎ、煮汁が少なくなるたび、加えます。

関西方式

1

すき焼き鍋を熱して、牛脂を全面に溶かす。

2

牛肉を広げながら入れる。

関東方式

1

すき焼き鍋を熱して、牛脂を全面に溶かす。

2

牛肉を広げながら入れる。

3

肉を裏返し、火が八分くらい通ったら、砂糖を肉の表面がかくれるくらい入れる。

4

ひと呼吸おいたら、しょうゆをかける。さらに酒を加えてもよい。

5

まず、はくさいなど水気の出やすい野菜を加え、順次、ほかの野菜も加え、煮えたところから、とき卵につけて食べる。

そのほか注意点

◎水気が出るはくさいは必ず入れる。野菜から出る水と砂糖としょうゆが、基本の味つけ。

◎九条ねぎなど青ねぎはあとから入れるが、白いねぎを入れたいときは、肉と一緒に香ばしく焼いてから、砂糖、しょうゆを入れる。

◎野菜を入れたあとも、砂糖としょうゆを入れて味つけするが、煮つまってしまったら、酒を入れる。

3

ねぎを入れて焼く。

4

割り下をひたひたにそそぐ。

5

順次、ほかの野菜を加え、煮えたところから、とき卵につけて食べる。

基本の割り下
４人分の分量

◎味見して、砂糖は好みで調整してください。

みりん…１００㎖
しょうゆ…１００㎖
だし…１５０㎖
砂糖…大さじ３～４

鍋でコトコト煮ておけば、味がじんわりしみる「おでん」。おかずにも、酒のつまみにもなる各地の名物おでんを紹介します。

静岡おでん

一　汁Aの入った鍋に、具を入れて火にかける。

二　煮立ったら弱火にし、ふたをずらしてのせ、約1時間煮る。

静岡ではおなじみ！　黒はんぺん

煮干し粉と粉けずりを2：1の割合で混ぜ、さっとからいりすると、〈おでん粉〉が作れます。おでんだけでなく、焼きそばやごはんにかけてもおいしい。

材料（4〜5人分）と下準備

牛すじ肉　200g……よく洗い、たっぷりの湯でさっとゆで、ざるにあげる。水1ℓでゆで、煮立ったらしょうゆ大さじ1を加えて約1時間、汁が半分になるまで煮る。煮汁は鍋に入れ、牛すじはひと口大に切る
だいこん　500g……2㎝角、10㎝長さに切り、米のとぎ汁で10〜15分下ゆで
こんにゃく　1枚……6等分し、熱湯でさっとゆでる
黒はんぺん　6枚（なければ、さつま揚げなどの練りもので代用）
ちくわ　大2本……長さを半分に切る
卵　4〜5個………かたゆでにし、殻をむく
結びこんぶ　8個
＊具は下ごしらえしたら、こんぶ以外は竹串に刺す
汁A（だし…カップ7、牛すじの煮汁…全部、砂糖…大さじ2、みりん…大さじ2、酒…大さじ2、しょうゆ…大さじ4、塩…少々）
……………………材料をすべて鍋に合わせる
・食べるときにはおでん粉、青のりを好きなだけ、適量

130分　354kcal

〈仙台教室〉鎌倉和子　〈銀座教室〉田中和代

駄菓子屋の店先で子どものころ、よく食べましたが、家庭でも作ります。

静岡おでんの特徴は、黒はんぺんが入ることと、食べるときに煮干し粉などをブレンドした〈おでん粉〉をふりかけること。牛すじは下ごしらえが大変ですが、あるとやはりおいしいです。

みそおでん

一　Aを鍋に入れ、火にかける。

二　沸とうしたら、具を入れて弱火にする。30分以上、だいこんがやわらかくなるまで煮る。

三　好みのみそだれをつけて食べる。

〈みそだれ 1〉の作り方

赤だしみそ50g、砂糖大さじ1/2、みりん大さじ2を小鍋に合わせて、混ぜながらひと煮立ちさせる。

〈みそだれ 2〉の作り方

信州みそ50g、砂糖大さじ1、みりん大さじ2を小鍋に合わせて、混ぜながらひと煮立ち。おろししょうが少々を加える。

材料（4人分）と下準備

だいこん　400g ……… 1.5㎝厚さの輪切りか半月切りにし、米のとぎ汁で10～15分、下ゆで

さといも　4個 ……… 食べやすい大きさに切り、下ゆで

こんにゃく（アク抜きずみ）1枚（200g）… 三角形に切る

はんぺん　2枚 ……… 三角形に切る

A
- こんぶ　10㎝
- 水　800㎖

〈みそだれ 2〉のしょうがは、ゆずの皮のすりおろしに代えてもおいしい。このみそだれは、2つとも冷蔵で2週間は保存でき、ゆで野菜や生野菜につけたり、いためものにも使えますよ。（新保）

みそ煮こみおでん

一　鍋に汁Aと具を入れ、火にかける。ふたをずらしてのせ、沸とうしたら弱火にして約30分煮る。

二　Bを煮汁でとかして加え、ふたなしで、さらに約30分煮こむ。

材料（4人分）と下準備

だいこん　400g……2㎝厚さのいちょう切りにして、米のとぎ汁で、10分下ゆで

こんにゃく（アク抜きずみ）　1枚（200g）
……………………4等分に切る

卵　4個……………かたゆでにし、殻をむく

焼きどうふ　1丁（300g）
……………………4等分に切る

ちくわ　大2本……1本を斜めに半分に切る

＊下ごしらえした具は串に刺す

汁A	・だし	800㎖
	・こんぶ	10㎝
	・酒	100㎖
	・みりん	大さじ2
	・しょうゆ	大さじ1
B	・赤だしみそ	100g
	・砂糖	大さじ4
	・みりん	大さじ2

〈名古屋教室〉長南京子

初めてこのおでんを見た人は、汁の色にギョッとするようですが、食べると「くどくなくて、とてもおいしい」と。そのまま汁も飲めますし、ごはんにかけてもおいしい。八丁みそではなく、赤だしで作るレシピです。

関西風のうす味おでん

一 水とこんぶを入れておいた鍋を弱めの中火にかけ、沸とう直前にこんぶをとり出す。

二 酒とうすくちしょうゆを鍋に加え、下ごしらえした具を入れる。沸とうしたら弱火にし、ふたをし、40分以上、煮こむ。

三 〈しょうがじょうゆ〉または〈ねぎだれ〉をかけて、食べる。

〈しょうがじょうゆ〉の作り方
しょうが 20g は皮をこそげてすりおろす。しょうゆ大さじ 2、酒大さじ 1 と合わせる。

〈ねぎだれ〉の作り方
ねぎ 40g（小口切り）とけずりかつお 3g、酒・しょうゆ各 50 mℓ を合わせる。

材料（4～5人分）と下準備

こんぶ　10 cm	鍋に 1 ℓの水と一緒に入れ、30 分以上つけておく
［酒　50 mℓ 　うすくちしょうゆ　大さじ 1	
だいこん　400g	2 cm厚さの半月切りにして、米のとぎ汁で 10 ～ 15 分、下ゆで
さといも　5 ～ 6 個（400g）	ひと口大に切り、塩小さじ 1/3 をもみこんでゆでこぼし、洗ってぬめりをとる
れんこん　200g	1.5 cm厚さの輪切りにし、熱湯をかける
こんにゃく　1/2 枚（100g）	食べやすく切り、熱湯でさっとゆでる
さつま揚げ　2 枚	半分に切り、熱湯をかける
卵　4 ～ 5 個	かたゆでにし、殻をむく

80 分　263kcal

こんぶだしで煮た、さっぱり味のおでんです。こんにゃくはアク抜きずみのものなら切るだけ。練りがらしで食べてもよいのですが、たれをかけるとまた違ったおいしさです。〈しょうがじょうゆ〉で食べるのは姫路市バージョン、〈ねぎだれ〉をかければ、長野県飯田市バージョンに。これらのたれは、ほかの鍋ものにも使えますし、冷や奴にかけてもおいしいです。（三笠）

関東炊き

一 汁Aの入った鍋に、だいこん、こんぶを入れ、ふたをして火にかける。

二 沸とうしたら弱火にして約15分煮、残りの具を入れ、弱めの中火で30分以上煮る。

材料（4～5人分）と下準備

だいこん　400g………2cm 厚さの輪切りにし、米のとぎ汁で、10 ～ 15 分下ゆで
じゃがいも　2 個　……半分に切る
卵　4～5 個…………かたゆでにし、殻をむく
結びこんぶ　4～5 個
ゆでだこの足　4～5 本
………………………さっと洗う
こんにゃく（アク抜きずみ）　1 枚（200g）
………………………片面に細かく切りこみを入れ、三角形に切る
ちくわぶ　1 本　………4～5 等分に切る
つみれ　4～5 個
汁 A（だし…1.2 ℓ、しょうゆ…大さじ 3、酒…大さじ 2、みりん…大さじ 2）
………………………材料を鍋にすべて合わせる
・食べるときには練りがらしを好きなだけ、適量

ちくわぶ（小麦粉をこねて、ちくわのような形に作った、ちくわもどき。生産量の 90% 以上が東京を中心とした関東で消費されています）が入るのが特徴。煮こむほどにおいしく、翌日にも食べたい。（浜村）

冷やし夏おでん

一 鍋にちくわとペコロス、汁Aを入れて火にかける。沸とうしたら落としぶたと鍋のふたをして弱火で10分ほど煮る。

二 トマトとオクラを加え、さらに30秒煮たら火を止める。冷蔵庫で冷やす。

三 食べる直前に、みょうが、しそ、しょうが汁を加える。

材料（2人分）と下準備

ちくわ　大1本
……4つに切る

ペコロス（小たまねぎ）　4個
……皮をむき、上から1本切りこみを入れる。ふつうのたまねぎなら200gをくし形切り

オクラ　4本
……がくの部分をけずり、塩少々でこすってさっとゆでる

ミディトマト　4個（200g）
……へたをとり、皮を湯むきする

みょうが　2個
…小口切りにする

しその葉　5枚
…せん切りにする

しょうが　1かけ（10g）
……すりおろして、しぼり汁をとる

汁A
- かつおとこんぶのだし350㎖
⇒ とり方は、P.160を参照
- しょうゆ　大さじ1/2
- 酒・みりん　各大さじ1
- 塩　小さじ1/6

ささっと作っておけるので、支度がめんどうな昼食にも最適。だしをとったこんぶも小さく切って入れ、しょうがをピリリと効かせた汁は、さっぱりと飲めます。氷を浮かべると、涼しげに。（浜村）

鍋もの・講座

北から南までご当地おでん

1位だいこん、2位卵、3位がはんぺんやさつま揚げなど練りもの。「好きなおでん種」のアンケート結果です。おでんを英語に訳せば、ジャパニーズスタイルｈｏｔｃｈｐｏｔｃｈ？ ホッチポッチとは、ごった煮の意味。確かにごった煮。何を入れるべき、何は入れてはだめなんて決まりがないおでんは、家庭で地域でいろいろ。北から南まで、「うちのおでん」および「ご当地おでん」を取材してみました！

東京

作り方はP.116（関東炊き）

味のベース　かつおだしに、酒、みりん、しょうゆ。

特徴的な具材　ちくわぶ。信田袋やはんぺんを入れる家庭も多い。

「関西出身の夫が「ちくわぶを入れるのは許せない!」というので、うちではちくわぶは入れません。」

「お酒を飲むようになってから、冬には熱燗とおでん。だいこんならいくらでもイケます。」

「子どものころから、おでんの卵の黄身+ごはん少量+おでんのつゆ+万能ねぎの小口切りを混ぜて食べるのが好き!」

「わが家のおでんは、だいこん、こんにゃく、こんぶのほかは、買ってきた大量の練りもので作ります。」

「広島から出てきて、東京のおでん屋さんのトマトにびっくり。ちくわぶとはんぺんも実家では絶対に入れない具材です。」

静岡

作り方はP.110

味のベース　関東炊きのベースに牛すじの煮汁が入った、まっ黒のスープ。

特徴的な具材　静岡名産の黒はんぺんと牛すじが欠かせない。串に刺し、青のりやだし粉をかけて食べる。一部の静岡おでんの屋台では、「だいこんは入れない」という店もある。

「夏、海水浴場や縁日などでは、
みそおでんがよく登場します。
だいこん、こんにゃく、ちくわをただゆでて、
みそだれをかけただけのものです。」

「実家はどの料理も味が濃いのですが、
おでんだけはうす味。実家を出てから数十年、
今は帰ってもおでんが出てこなくなり、
なつかしい「おふくろの味」です。」

北海道

味のベース　関東炊きほど黒くなく、関西風よりしょうゆっぽい。

特徴的な具材　揚げかまぼこ（角天）、ふき、笹たけのこ。季節によって、つぶ貝、たち（真だらの白子）。じゃがいもやにんじんを入れる家庭もある。あまり一般的でない具材は、ちくわぶ、牛すじ、とうふ。

福岡

味のベース　こんぶだしにしょうゆで味つけ。味も見た目も、関東炊きよりうすい。

特徴的な具材　欠かせないのが牛すじ。コンビニや屋台ではたこ足も見かける。ほとんど見ないのは、はんぺん。

「九州の料理は味が濃いと
いわれますが、おでんはうす味。
家庭では、某菓子メーカーの
おでんの素を使うことが多く、
これは福岡バージョンかも?」

「薬味の基本は練りがらしですが、
ゆずこしょうで食べる家庭もあるようです。」

「北九州の小倉の
有名なおでん屋さんの人気の具は、
しゅんぎくとロールキャベツだそう。」

「小倉の屋台は、
なぜかお酒を出さないことが多いので、
おでんの横におはぎがあります。」

大阪

アレンジレシピはP.114

味のベース　こんぶとかつおでとった透明なだし。練りがらしをつけて食べる。

特徴的な具材　必ず入れるのが「焼きどうふ」。牛すじとコロ（くじらの皮）を入れて、味にコクと深みをもたせることも。

「関西のおでんは、
なんといってもそのまま飲める、
おいしい「おだし」が基本です!」

名古屋

アレンジレシピはP.112～113

味のベース　みそ味で、次の2種類。下ゆでした具材をこんぶだしで煮ておき、甘いみそだれをつける。八丁みその入ったみそだれで煮こむ。

特徴的な具材　名古屋だけの具材はなく、わりと定番。家庭によって好きなものを何でも。

「学校給食では、うす味の具に甘いみそだれをかけた
「みそおでん」がよく出てきました。」

「名古屋文化が入った三重の実家では、
おでんは八丁みそベースで煮こんだもの。」

沖縄

味のベース　豚足（ティビチ）やソーキ（あばら骨）からとったスープ+塩。

特徴的な具材　豚足、ソーセージ、ベースのスープでさっとゆでた青菜（こまつな、レタス、ほうれんそうなど）。

島国日本では、魚はなじみの食材。特色ある鍋料理が多くあります。育った場所、嫁いだ場所でおぼえた、「魚介」が主役の鍋料理です。

さばとだいこんの鍋

一　こんぶと水の入った鍋を弱めの中火にかけ、沸とう直前にこんぶをとり出す。Bの調味料を入れる。

二　沸とうしたら、さばを汁気をきって入れ、7〜8分、アクをとりながら煮る。だいこんを加え、煮えたものから汁と一緒に器にとり、薬味をのせて食べる。

下準備 30分　241kcal

〈渋谷教室〉森八重子

淡路島出身の夫のふるさとの味です。
田舎では入れていませんが、せりを
最後に入れてもおいしいですよ。

材料（4～5人分）と下準備

さば（三枚におろしたもの）　1尾分
……………………骨をとって、ひと口大のそぎ切り、A に10分ほどつけておく

A
- 酒　大さじ2
- しょうゆ　大さじ2
- しょうが汁　大さじ1/2

だいこん　1/2本（約500g）
……………………太めの長いせん切り状に、スライサーなどでおろす

こんぶ　10㎝　…鍋に水1ℓと一緒に入れ、30分つけておく

B
- 酒　大さじ3
- みりん　大さじ2·1/2
- しょうゆ　大さじ2·1/2
- 塩　小さじ1/3

・食べるときには以下の薬味を好みで、適量。
七味とうがらし、ゆずこしょう、万能ねぎの小口切り

たらのみそ鍋

一
鍋にバターを中火で温め、細かく切った白子50gを入れて木べらなどでつぶしながらいためる。だしを少しずつ加えてときのばし、酒を加えて強火にする。

二
煮立ったら、たらの切り身、とうふ、ねぎ、はくさい、しいたけを入れる。

三
煮えてきたら、みそをとき入れる。ひと口大の白子とみず菜を加え、さっと煮る。

材料（2～3人分）と下準備

たらの切り身　大2切れ(250g)	食べやすく切り、熱湯でさっとゆでて、霜降りに
たらの白子　50g	水で洗い、はさみで筋や血合いをとり除き、細かく切る
たらの白子　150g	水で洗い、はさみで筋や血合いをとり除き、ひと口大に切る
もめんどうふ　1/2丁(150g)	6つくらいに切る
ねぎ　1本(100g)	斜め切りにする
はくさい　2枚(150g)	ざく切りにする
しいたけ　2～3個	軸をとり、飾り切り
みず菜　1束(150g)	4～5㎝長さに切る
バター　10g	
だし　500㎖	こんぶ5㎝を水600㎖に30分つける。弱めの中火にかけ、沸とう直前にこんぶをとり出す
酒　50㎖	
みそ　40g	

下準備 35分　336kcal

だしは、こんぶからとったさっぱりしたもの。そこにバターでいためた白子、最後にみそが入って絶品のスープになります。煮えたものから、スープと一緒に器にとってどうぞ。(三笠)

いわし鍋

一　鍋にAを入れ、中火にかける。

二　沸とうしたら、いわしを全部入れ、アクをとる。野菜ととうふは適量入れる。

三　いわしに火が通ったところで、煮えた野菜と汁を器にとり（野菜やとうふは適宜加える）、ぽん酢しょうゆをかけて食べる。ゆずこしょうも好みで入れる。

材料（2人分）と下準備

いわし　小ぶり4尾（約200g）… うろこをとり、頭と内臓をとり除き、よく洗う
はくさい　1/4個（200g）……… 4㎝角のざく切り
ねぎ　1本 ……………………… 4㎝長さに切る
しゅんぎく　小1/2束（50g）…… 4㎝長さに切る
絹ごしどうふ　1/2丁（150g）… 4等分に切る
A・こんぶ　10㎝
・水　800㎖
<薬味>
ぽん酢しょうゆ　適量
ゆずこしょう　適量

下準備 20分　215kcal

〈福岡教室〉児島恵子

子どものころ、母がよく作ってくれた鍋です。東京に住んでいたころは思い出すこともなかったのですが、福岡に帰ってきて魚のおいしさに驚き、これを作ったら、本当に美味！　新鮮ないわしが手に入ったら、ぜひ作ってみてください。いわしからとてもおいしいだしが出ますよ。

石狩鍋

一　こんぶと水の入った鍋を弱めの中火にかけ、沸とう直前にこんぶをとり出す。

二　Aを入れ、強火にする。具を入れて火加減を調節しながら煮る。火が通った具からスープと一緒に器にとって食べる。好みで、七味とうがらしをかける。

材料（4～5人分）と下準備

こんぶ	10㎝	鍋に水1.3ℓと一緒に入れ、30分つけておく
A ・みそ（信州みそなど、色が薄いもの）	150g	
・酒・みりん	各大さじ1	
・牛乳	100㎖	
＜具＞		
生さけ（頭・かま・切り身）	800g	頭・かまはぶつ切り、切り身はひと口大に切り、熱湯をかける
にんじん	1本（200g）	大きめに切って、下ゆで
じゃがいも	大2個（400g）	大きめに切って、かために下ゆで
キャベツ	小1/4個（250g）	ざく切り
たまねぎ	1個（200g）	8つのくし形に切る
エリンギ	1パック（100g）	縦4つ割りにする
こんにゃく	1枚（250g）	ひと口大にちぎる。アク抜きされていないものは、熱湯でさっとゆでる

・食べるときには、七味とうがらしを好きなだけ、適量

下準備 30分　430kcal

〈札幌教室〉 倉田薫

さけの頭やアラも一緒に煮て、おいしいだしをとるのがコツ。野菜を大ぶりに切ったり、牛乳を加えたりと現代風にアレンジしています。

沖すき

一

こんぶと水の入った鍋を弱めの中火にかけ、沸とう直前にこんぶをとり出す。沸とうしたら、けずりかつおを加えて火を止め、1~2分おいて沈んだら、ざるでこす。

二

一のだしにAの調味料を入れて煮立てる。

三

魚介と野菜を入れて、火が通ったものから器にとり、すだちをしぼって食べる。

材料（4～5人分）と下準備

たいなどの白身魚　300g	7～8㎜厚さに切り、酒大さじ1と塩少々をふっておく
はまぐり　4～5個	塩水（カップ1の水に対して塩小さじ1）につけて砂抜きし、よく洗う
えび（有頭）　4～5尾	頭と殻をつけたまま背わたをとり、足とひげはキッチンばさみで短く切る
はくさい　200g	食べやすい大きさにざく切り
みず菜　100g	食べやすい長さに切る
えのきだけ　1袋（100g）	根元を切り落とし、手で分ける
ねぎ　1本	5㎝長さの斜め切り
梅麩など生麩（あれば）　6㎝	1㎝厚さに切る
すだち　3個	半分に切る
こんぶ　5㎝ けずりかつお　10g	鍋に水900㎖と一緒に入れ、30分つけておく

A
- 酒　50㎖
- みりん　大さじ2
- しょうゆ　大さじ1
- 塩　小さじ1

下準備 30分（はまぐりの砂抜き時間を除く）　234kcal

新鮮な魚介をさっと煮て食べるのが「沖すき」。関西を中心に食べるぜいたく鍋です。忘年会などにもぴったり。名前の由来は、昔、漁師がとれたての魚介を船上などで食べた「沖のすき焼き」だから。（三笠）

毎日食べても飽きない、「野菜たっぷり」の鍋です。
良質なたんぱく質である肉と合わせれば、栄養バランスも抜群！

とりの水炊き

一　鍋に分量の水と手羽先を入れて強火にかけ、沸とうしたら酒を加える。ふたをし、アクをとりながら、弱火で30分ほど煮る。

二　とりもも肉を加え、再び沸とうするまで強火にかける。アクをとり、ふたをしたら弱火で20分ほど煮る。

三　とうふ、野菜、きのこを適宜入れ、火が通ったものから、ぽん酢しょうゆとゆずこしょうで食べる。

材料（4〜5人分）と下準備

とり手羽先　4本（200g）…　血や汚れを水で洗い流す
とりもも肉　400g …………　ひと口大に切る
もめんどうふ　1丁（300g）　食べやすい大きさに切る
ゆでたけのこ　200g ………　食べやすい大きさに切る
しゅんぎく　小1束（100g）
…………………………………　食べやすい長さに切る
ねぎ　1本 …………………　食べやすい厚さの斜め切り
しめじ　1パック（100g）……　石づきを切り落とし、手でほぐす
水　1.4ℓ
酒　100㎖
ぽん酢しょうゆ・ゆずこしょう　各適量

60分 359kcal

〈福岡教室〉光保昌子

昔から鍋ものといえば水炊きでした。野菜などの具を入れる前にスープだけ器にとり、塩少々を加えて飲んでもおいしい。また、薬味にゆずこしょうは欠かせません。

みず菜と鴨《かも》の鍋

一　鍋にだしとAを合わせ、とうふを入れて、火にかける。煮立ったら、鴨とみず菜をさっと煮る。

二　汁ごと具を器にとり、しょうが汁をかけて食べる。

しょうが汁をかけて食べます。

材料（2人分）と下準備

合鴨むね肉	200g	スライスしてあるものを買うか、かたまりなら5㎜厚さくらいに切る
みず菜	2束（300g）	5㎝長さに切る
絹ごしどうふ	1/2丁（150g）	食べやすい大きさに切る
だし	800㎖	水900㎖を沸とうさせ、けずりかつお15gを入れ、火を止め、1〜2分おいてこす
A・酒	100㎖	
・しょうゆ	大さじ1/2	
・塩	小さじ1	
しょうが	50g	皮つきのまますりおろし、汁をしぼる

京都の祇園育ちの方から教えていただいた鍋。鴨と野菜は火を通しすぎないように注意し、たっぷりのしょうが汁でさっぱり食べます。最後にうどんを入れ、万能ねぎの小口切りをかけると美味！（三笠）

レタス豚しゃぶしゃぶ

一 鍋に水と酒を入れ、火にかける。

二 沸とうしたら、レタスを入れ、レタスの上に肉を広げてのせる。

三 肉に火が通ったら、器にとり、ぽん酢しょうゆとこしょうをかけて食べる。

材料（1〜2人分）と下準備

レタス　小１個（250g）
……手でちぎる
豚ロース肉（しゃぶしゃぶ用）　200g
水　600 mℓ
酒　100 mℓ
ぽん酢しょうゆ　適量
こしょう　適量

これぞ究極のかんたん鍋！ 包丁なし、だしもいらない。レタスと肉は一度に入れず、しゃぶしゃぶして食べても。（新保）

はくさいと大きな肉だんごの鍋

一

豚ひき肉をボールに入れ、**A**を加えてよく混ぜる。4等分してだんごに丸める。

二

大きめのフライパンに油大さじ2を温め、一を揚げ焼きのような感じで表面がカリッとするまで全面を焼く。とり出す（入りきらなければ、2回に分ける）。

三

フライパンの油をペーパータオルなどでふき、油大さじ1を加える。はくさいとしいたけを入れてさっといため、とり出す。

四

鍋に、三、肉だんご、三の順に入れ、しいたけのもどし汁を入れ、湯、酒、しょうゆ、塩を加えて火にかける。20分ほど煮る。だんごをくずしながら食べる。

材料（4〜5人分）と下準備

はくさい　500g ……………… 4〜5㎝長さのざく切り
豚ひき肉　300g
A
- ねぎ　7㎝ ………… みじん切りにする
- しょうが　1かけ（10g）… 皮つきのまますりおろし、しぼり汁をとる
- 卵　1個 ………… 割りほぐす
- 塩　小さじ1/8
- かたくり粉　大さじ1

サラダ油　大さじ3
干ししいたけ　4個…………… 水200㎖でもどし、半分に切る（もどし汁はとりおく）

- 湯　600㎖
- 酒　大さじ1
- しょうゆ　大さじ1·1/2
- 塩　小さじ1/6

50分 296kcal

〈横浜教室〉小杉伸子

肉だんごを作るのがちょっとひと手間ですが、肉のうまみがじわーっと出て美味。材料費は安くても大ごちそうです。はくさいをキャベツに代えたり、はるさめを加えたりしてもおいしいですよ。

15分（干し貝柱のもどし時間は除く） 86kcal

はくさいと干し貝柱の鍋

一

大きめのフライパンにごま油を温め、はくさいを芯、葉の順にいためる。

二

鍋に一のはくさいを入れ、ほぐした貝柱ともどし汁を加えて中火にかけ、ふたをして7～8分、蒸し煮にする。

三

塩を入れ、水どきかたくり粉を一度混ぜてから加え、とろみがついたら、火を止める。こしょうをふる。

材料（4人分）と下準備

はくさい　500g
……5～6㎝長さのざく切り
ごま油　大さじ1
干し貝柱　4個*
……600㎖のぬるま湯につけてもどす（もどし汁はとりおく）。2時間近くかかるので、早めに用意しておくこと
塩　小さじ1/6
かたくり粉　大さじ2
……水大さじ2と合わせて混ぜておく（⇒水どきかたくり粉）
あらびき黒こしょう　少々

*干し貝柱は、中華食材の売り場にあります。

〈吉祥寺教室〉今井みどり

近くの農家の方からはくさいをどっさりいただくと、必ず作る鍋です。干し貝柱は少々高価ですけれど、うまみが活きて、体もほかほかに！

スタミナ鍋

一
鍋にBを合わせ、だいこんを入れて火にかける。だいこんが煮えてきたら、肉をつけ汁ごと加える。

二
肉の色が変わったら、はくさいとしめじを入れる。煮えたものから、こしょうやごま油、ラー油をかけて食べる。

材料（2人分）と下準備

豚こま切れ肉　200g
……下のAに 20 分つけておく

A
- にんにく　1 片（10g）……薄切り
- しょうゆ　大さじ 2
- 酒　大さじ 2

だいこん　100g
……薄いいちょう切り

はくさい　200g
……食べやすい大きさに、ざく切り

しめじ　1 パック（100g）
……根元を切り落としてほぐす

B
- 水　400 mℓ
- 酒　100 mℓ
- 塩　小さじ 1/2

あらびき黒こしょう・ごま油・ラー油　各適量

〈池袋教室〉 中根友香

肉をつけておいたにんにくじょうゆも一緒に入れることで、うまみが出ます。こしょうはやや多めにかけるとおいしいです。

にんじんだんご鍋

一　にんじんだんごを作る。すりおろしたにんじんに小麦粉を混ぜ、水を少しずつ加えながら耳たぶくらいのやわらかさになるようにまとめる。12個のだんごを作る。

二　汁Aを入れた鍋を火にかけ、沸とうしたら一のだんごを入れ、2分ほど中火で煮る。

三　豚肉、はくさい、しいたけを加え、10分ほど煮て、えのき、みず菜の順に加える。煮えたものから食べる。

材料（4〜5人分）と下準備

にんじん　1/2本（100g）	すりおろす
小麦粉　150g	
水　大さじ1·1/2〜2	
豚こま切れ肉　200g	大きいものは切る
はくさい　200g	食べやすい大きさにざく切り
しいたけ　4個	軸をとり、半分に切る
えのきだけ　1袋（100g）	根元を切り落とす
みず菜　1束（150g）	4〜5㎝長さに切る
汁A（だし…800㎖、しょうゆ…大さじ2、酒…大さじ2、みりん…大さじ1）	鍋に合わせておく

30分　298kcal

〈難波教室〉中西里美

にんじん嫌いの子どもも喜んで食べます。にんじんだんご作りから子どもと一緒にやるとよいですよ。汁に味がついているので、薬味などを用意する手間もいりません。

きのこ鍋

一 鍋に汁Aを入れ、煮立てる。

二 豚肉ときのこを加え、アクをとりながら2～3分煮る。

三 みそをとき入れ、5分ほど煮る。

四 味をみて、しょうゆを加える。みつばを散らす。

材料（2人分）と下準備

豚ばら肉（薄切り）　150g ……………… 食べやすい長さに切る
きのこ（しいたけ、しめじ、えのきだけ、まいたけなど）　合わせて300g
…………………………………………… 根元（石づき）を切り落とし、食べやすく分ける
みつば　スポンジ1個分 ……………… 3㎝長さに切る
汁A
・だし　600㎖
・酒　大さじ1
・みりん　大さじ1
みそ　大さじ2･1/2～大さじ3（40～50g）
しょうゆ　少々

15分　387kcal

きのこは好みのものを使ってください。みそは、信州みそが合います。最初は少なめに入れ、味をみて調整しましょう。うどんを入れてもおいしいですよ。（三笠）

郷土の名物や人気の鍋を家庭で作れるようにアレンジしたほか、わが家オリジナルの美味鍋をご紹介。

だまこ鍋

一 汁Aを入れた鍋にごぼうを入れて火にかける。ごぼうが煮えてきたら、とり肉、しらたき、ねぎ、まいたけを入れ、アクをとる。

二 だまこもち、せりを加え、さっと煮る。好みで薬味をかけて食べる。

材料（4～5人分）と下準備

温かいごはん　300g…………ボールに入れ、めん棒などで米粒が少し残るくらいまでつぶし、手に塩水をつけ、ひと口大に丸める ⇒「だまこもち」
とりもも肉　250g……………ひと口大に切る
ねぎ　1本………………………斜め切り
ごぼう　小1本（150g）………ささがきにして水にさらし、水気をきる
せり　1束（120g）……………5cm長さに切る
まいたけ　1パック（100g）……食べやすく分ける
しらたき　1袋（200g）………熱湯でさっとゆで、食べやすく切る
汁A（水…1400㎖、とりがらスープの素…大さじ1·1/2、酒…100㎖、みりん…大さじ2、しょうゆ…大さじ1、塩…小さじ1）
……………………………………鍋に合わせておく
薬味（七味とうがらし、粉さんしょう…各適量）

下準備 30分　319kcal

〈渋谷教室〉 加藤美子

秋田出身の祖母の、懐かしい味です。
秋田の家庭では、きりたんぽより、
だまこ鍋をよく作ります。

いも煮会

一

汁Aの入った鍋にさといもを入れて火にかけ、沸とうしたら弱めの中火にし、ふたをして10分煮る。Bとこんにゃくを加え、10分煮る。

二

牛肉を加え、アクをとる。まいたけとねぎを加え、2～3分煮る。

材料（4～5人分）と下準備

さといも　8～9個（600g）	大きければ2つに切る。塩小さじ1/2をもみこんでゆでこぼし、洗ってぬめりをとる
こんにゃく　1/2枚（100g）	ひと口大にちぎり、熱湯でさっとゆでる
まいたけ　1パック（100g）	食べやすく分ける
ねぎ　1本	2㎝長さに切る
牛肩ロース肉（薄切り）　150g	食べやすく切る
汁A ・だし　600㎖ ・酒　大さじ1·1/2 ・みりん　大さじ1·1/2	鍋に合わせておく
B ・しょうゆ　大さじ2 ・塩　小さじ1/4	

40分　229kcal

〈吉祥寺教室〉桜井弥生

母のふるさと、山形の名物です。おかずとして栄養満点。なぜか家で作っても『今日はいも煮会よ～』と言います。

揚げ豚鍋

一　鍋にAとキャベツを入れてふたをして中火にかける。

二　キャベツがしんなりしたら、しゅんぎく、とうふ、揚げた肉を適宜入れる。

三　ひと煮立ちしたら、食べごろ。汁ごと器にとり、ぽん酢しょうゆと七味をかけて食べる。

材料（2人分）と下準備

豚ばら肉（焼き肉用）　200g
……塩とこしょう各少々をふり、小麦粉大さじ１をまぶして、170℃のサラダ油適量で揚げる
キャベツ　200g
……４cm角くらいに切る
しゅんぎく　50g
……４cm長さに切る
絹ごしどうふ　1/2丁（150g）
……４等分に切る
A・水　400mℓ
・酒　50mℓ
＜薬味＞
ぽん酢しょうゆ　適量
七味とうがらし　適量

〈梅田教室〉津田節子

主人の実家で義母が時々作る鍋。肉を揚げるのはちょっとひと手間ですが、ボリュームとコクが出ます。焼き肉用の豚肉を使うと切る手間もなく、食べごたえもあっておいしいですよ。

25分（干ししいたけのもどし時間は除く）
231kcal

七色鍋

一　鍋に油を温め、豚肉をいため、色が変わったら、はくさい、しいたけ、ハム、ねぎの順に加えていためる。しんなりしたら、スープを加えて10分ほど煮る。

二　はるさめを加え、塩、こしょうで味をととのえ、薄焼き卵を散らす。

材料（2人分）と下準備

はくさい　100g　…1㎝幅に切る
干ししいたけ　2個…100㎖の水でもどし、薄切り（もどし汁はスープに）
ねぎ　5㎝　………斜め薄切り
ハム　2枚　………1㎝幅に切る
豚こま切れ肉　50g
…………………大きければ食べやすく切る
はるさめ 25g　……熱湯でもどし、ざく切り
卵　1個　…………割りほぐし、塩少々を加えて混ぜ、薄焼き卵を作る。四角に切る。
サラダ油　大さじ1/2
スープ（湯…600㎖、とりがらスープの素…大さじ1/2、しいたけのもどし汁…全部）
塩　小さじ1/6
こしょう　少々

〈銀座教室〉石井和子
具の色を7つそろえることで、栄養バランスもよくなります。具とスープ全部一緒に召しあがれ。

豆乳湯豆腐

一 鍋にとうふと豆乳を入れて、弱火にかける。

二 薄く膜が張ってきたら、箸で引き上げる（これが生ゆば）。とうふとゆばを、ぽん酢しょうゆや薬味をかけて食べる。

材料（1～2人分）と下準備

とうふ（絹でももめんでも好みで）
1丁（300g）……8つに切る
豆乳（とうふが作れるもの） 400 mℓ

できたてのゆばが味わえ、豆乳も一緒に飲めます。ゆばをあげたあと、野菜を入れてもおいしいですよ。（新保）

薬味いろいろ

どちらの湯どうふにも合います。好みのものを用意しましょう。

ぽん酢しょうゆ

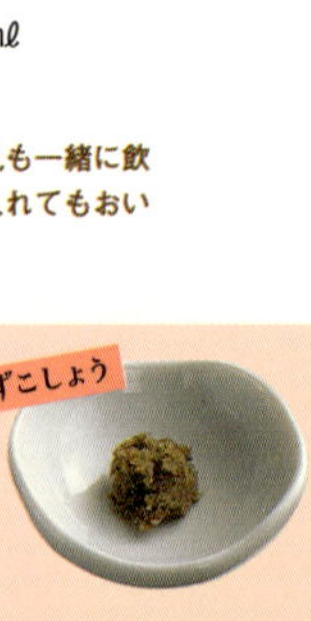
ゆずこしょう

温泉湯豆腐（嬉野《うれしの》温泉豆腐風）

一 分量の水を入れた鍋にとうふを入れ、弱火にかける。とうふがゆらゆらしてきたら、重曹を加えて軽く混ぜ、ごく弱火で煮る（泡が出るので、ふきこぼれないように注意）。

二 15～20分後、とうふが好みの感じに溶けたら、汁ごと器にすくい入れ、わさびじょうゆや薬味をかけて食べる。

材料（1～2人分）と下準備

とうふ（絹でももめんでも好みで）
1丁（300g）
……8つに切る
水　1000㎖
重曹　小さじ1

〈横浜教室〉江原早苗

福岡、佐賀などのスーパーで売られている『嬉野温泉豆腐』。鍋にとうふと温泉水を入れて煮立てると水が白濁し、とうふがほろほろに。重曹を使って似たものを再現しました。

豚肉となすの柳川《やながわ》

一 汁Aを入れた鍋を火にかける。煮立ったら、なすを入れ、ふたをして中火で3〜4分煮る。

二 肉を広げてのせ、肉の色が変わったら、とき卵をまわし入れる。

三 みつばを散らして火を止め、ふたをして30秒ほど蒸らす。粉さんしょうをふる。

材料（1〜2人分）と下準備

豚ロース肉（薄切り）　150g
…… 4〜5㎝長さに切る
なす　2個（140g）
…… 縦半分にし、1㎝幅の斜め切り。水にさらし、水気をきる
みつば　スポンジ1/2個分
…… 葉をつみ、茎は3㎝長さに切る
卵　2個
…… 割りほぐしておく
汁A（だし…150㎖、酒…大さじ1、みりん…大さじ1･1/2、しょうゆ…大さじ1･1/2）
…… 鍋に合わせておく
粉さんしょう…少々

〈柏教室〉藤原美香

本当の柳川はどじょうとごぼうですが、豚肉となすで作ると安価でかんたんで、おいしいですよ。柳川の由来は、北原白秋のふるさと、福岡県柳川市の柳川焼きの鍋で作るからだそうです。

豆腐キムチチゲ

一
鍋にごま油を温め、肉とキムチをいためる。スープとあさりを入れる。沸とうしたら、もやし、とうふを加え、アクをとる。

二
にらを加える。好みでコチュジャンを加える。

材料（1～2人分）と下準備

あさり（殻つき）　200g
……塩水（カップ１に対して塩小さじ１の割合）につけて、砂出しし、よく洗う
豆もやし　100g
……ひげ根をとる
にら　30g
……４～５㎝長さに切る
絹ごしどうふ　1/2丁（150g）
……食べやすく切る
牛肉（切り落とし）100g
……長ければ食べやすく切る
はくさいキムチ 150g
……長ければ食べやすく切る
ごま油　大さじ1/2
スープ（水…500㎖、スープの素…小さじ１）
（好みで）コチュジャン　少々

肉とキムチをいためることでコクが出て、あさりからはおいしいだしが出ます。もやしのひげ根はめんどうならとらなくてもよいですが、とると見た目と食感がアップ。（三笠）

じゃがいものとろとろシチュー

一

鍋にだしを入れて火にかける。だしが温まったら、ピーマン以外の野菜、豚肉を入れ、アクをとりながら野菜がやわらかくなるまで煮る。

二

ピーマンを加えてさっと煮て、火を止め、塩で調味する（味見して、少し塩味が強いかな、くらいでＯＫ）。

三

ルウ用のじゃがいも1個をおろし金ですりおろし、二に加える。弱火にかけ、かき混ぜながらとろみがつくまで2～3分煮る。

材料（２人分）と下準備

- じゃがいも　１個（150g）……………… １cm厚さのいちょう切り
- にんじん　1/4 本（50g）……………… ３mm厚さのいちょう切りまたは半月切り
- たまねぎ　1/4 個（50g）……………… ２～３cmの角切り
- しいたけ　２個 ……………………… 薄切り
- ピーマン　小１個（30g）……………… 縦半分にしてから４つに切る
- 豚ばら肉（薄切り）　50g ……………… ２cm幅に切る
- だし　400 mℓ
- 塩　小さじ 1/2
- じゃがいも（ルウ用）　１個（150g）…… 皮をむいて水につけておく

30分　228kcal

〈大宮教室〉佐藤留三子

実家の母の得意料理です。シチューの素もいらず、じゃがいものとろみがおいしくやさしい味。寒くなると食べたくなります。

カレー鍋

一
鍋にたっぷりの湯をわかし、スペアリブを入れ、ひと煮立ちしたら湯を捨てて、肉と鍋を洗う。

二
鍋にスペアリブとかぶるくらいの水を入れ、中火にかける。ふたをして15分煮る。

三
野菜とAを加え、材料がかぶるくらいまで水をたす。ふたをしてさらに10分ほど煮る。

四
野菜がやわらかくなったら、Bを加えて、混ぜる。2〜3分煮る。

材料（2人分）と下準備

	豚スペアリブ（5〜6cm長さ）	200〜250g	肉の側に2〜3か所、骨まで切りこみを入れる
	たまねぎ	1/2個（100g）	根元は残して4つのくし形に切る
	キャベツ	200g	芯ごと2つのくし形に切る
	にんじん	小1本（100g）	皮つきで、1㎝角の棒状に切る
A	・しょうが	1かけ（10g）	すりおろす
	・にんにく	小1片（5g）	すりおろす
B	・カレー粉	大さじ1	
	・トマトケチャップ	大さじ1	
	・スープの素	小さじ1	
	・塩	小さじ1/6	
	・こしょう	少々	

40分　385kcal

豚スペアリブに合わせて野菜も大きく切りましょう。カレー粉とケチャップの代わりにカレールウ10gでも。（浜村）

CUISINE HABITS

モツ鍋

一

鍋にごま油を温め、にんにく、しょうがを弱火でいためる。香りが出てきたら、とうがらしを加えて火を強める。レバー、砂肝、ハツを加えてさっといため、白モツと牛肉を加えてさらにいためる。

二

ひたひたになるくらいの割り下をそそぎ、たまねぎを加える。煮立ったら、キャベツ、にら、もやし、えのきを適宜加えて、火が通ったものから食べる。

材料（4〜5人分）と下準備

とりレバー　100g …………………… 大きければひと口大に切り、洗って血のかたまりを除く
砂肝　100g ………………………… 2 つに切り、白い部分をそぎとる
とりハツ（心臓）　100g …………… 水で洗いながら血と脂肪を除き、2 つに切る
白モツ（豚または牛。下ゆでずみで、切ってあるもの）　100g
牛肩ロース肉（薄切り）　100g …… ひと口大に切る

たまねぎ　1 個（200g） …………… 1 cm厚さの輪切り
キャベツ　1/2 個（600 〜 700g）… ざく切り
にら　1 束（100g） ………………… 4 〜 5 cm長さに切る
豆もやし　1 袋 …………………… 余裕があれば、ひげ根をとる
えのきだけ　1/2 袋（50g） ……… 根元を切り落とす

にんにく　2 片（20g） …………… 薄切り
しょうが　1 かけ（10g） ………… 皮をこそげて、せん切り
赤とうがらし　1 本 ………………… 種をとる

ごま油　大さじ 1･1/2
割り下（だし…400 mℓ、しょうゆ・みりん…各 100 mℓ、砂糖…大さじ 1/2）
………………………………………… 小鍋に合わせてひと煮立ちさせる

下準備 30 分　416kcal

〈渋谷教室〉田中茂子

各種内臓に牛肉を入れたボリューム満点の鍋。内臓肉は入手できるものだけ、野菜は、たまねぎ、キャベツ、にらだけでも。とき卵にひたして食べたり、途中でコチュジャンを加えても美味です。

缶詰と残り野菜の牛乳みそ鍋

一　鍋に野菜を入れ、ほたての缶詰を汁ごと入れる。分量の水を加えて火にかける。

二　鍋のふたをし、沸とうしたら弱火にして7〜8分煮る。

三　じゃがいもがやわらかくなったら、牛乳を加えて、ふたなしで1〜2分煮る。

四　煮汁でみそをといて入れる。中央にさけの缶詰を缶汁ごと入れ、ひと煮立ちしたら火を止める。

材料（2人分）と下準備

さけの缶詰　小1缶（90g）
ほたての缶詰　小1缶（90g）
- キャベツ　100g ……………… 芯は薄切りにし、葉は5〜6㎝幅に切る
- じゃがいも　小1個（100g） …………………………… 4つに切る
- たまねぎ　1/2個（100g） … くし形に切る
- にんじん　1/4本（50g） …… 皮つきのまま3〜4㎜厚さの半月形に切る

水　200㎖
牛乳　200㎖
みそ　大さじ1

20分　275kcal

〈神戸教室〉石西裕子

ほかにも、かにの缶詰、いわしのつみれ缶など常備してあるもので作れます。野菜もアクが強くなければOKですし、分量も大ざっぱで作れます。冷蔵庫整理ができ、安あがりでヘルシー。みそは白や赤など好みのものを合わせたり、酒かす50〜100gを加えても。味見をしながら、試してみてください。

基本のだしのとり方

鍋の種類によっては、おいしいだしをとることが決め手になります。こんぶだし、こんぶとかつおのだし、かつおだし、基本3つのとり方をおさらいしましょう。

※どのだしも、できあがり量は約600㎖。

こんぶだし

こんぶ10gは洗わず、水750㎖に30分以上つける。弱めの中火にかけ、沸とう直前に（鍋の内側がプツプツする程度）、こんぶをとり出す。

こんぶとかつおのだし

こんぶ5gで上と同様にこんぶだしをとったあと、沸とうしたら、けずりかつお10gを加える。再び沸とうしたら火を止めて、1～2分おく。ざるでこす。

かつおだし

水700㎖を火にかけ、沸とうしたら、けずりかつお10～15gを入れる。再び沸とうしたら火を止めて、1～2分おく。ざるでこす。

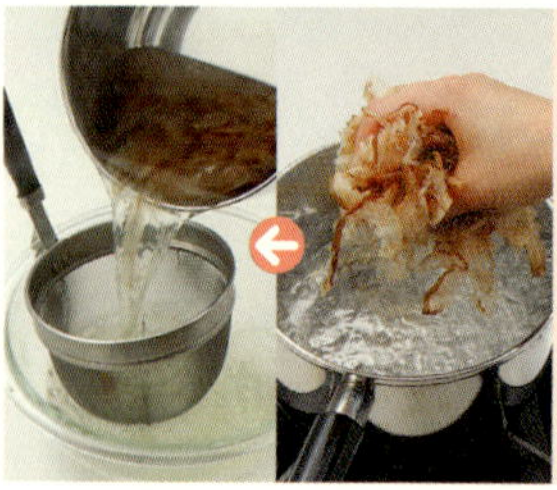

よりきれいなだしにしたいなら、ぬらしてかたくしぼったふきんまたはペーパータオルを通してこすとよい。

懐かしの、軽食とおやつ

学校から帰ると、ちゃぶ台の上にのっていたおやつ。休日の昼に、鉄板の上でじゅうじゅうおいしそうな音をたてて焼いたお好み焼き。ベターホームの料理教室の先生たちが子どものころに食べてきた、そして自分の子どもにも作ってきた、懐かしい軽食とおやつです。

いわゆる粉ものは、ラーメンと並んで日本人が大好きな料理。休日には、お父さんのウンチクとともに作る「ご当地お好み焼き」！。

広島お好み焼き

一　ホットプレートに油を温め、中華蒸しめんをほぐして入れていため、ケチャップで味つけし、隅に寄せる。

二　粉に水を加えて、ゆる～い生地を作る。

三　生地をクレープ状に薄く、丸くのばす（直径約20cm）。

四　けずりかつお、キャベツ、もやし、天かすをのせ、塩、こしょうをふる。一の焼きそばをのせ、豚肉を広げてのせる。

五

上からへらでぐぐぐぅーっと押さえつけ、中までよく火を通したら、裏返す。

六

あいた場所に卵を割り入れ、へらでくずして丸くのばす。五をのせて軽く押さえ、ひっくり返す。

七

ソースをかける。好みで青のりや紅しょうが、マヨネーズなどをかける。

15分　571kcal

〈池袋教室〉平本康子

生地をとにかく薄く、丸くのばすのがポイント。おたふくソースもおいしいけど、私は、広島空港のお好み焼き屋さんのソースが贔屓です。

材料（1〜2人分）と下準備

中華蒸しめん　1玉
サラダ油　大さじ1/2
トマトケチャップ　大さじ1
［小麦粉　50g
　水　100㎖
けずりかつお　大さじ1
キャベツ　80g
……せん切り
もやし　20g
……ゆとりがあれば、ひげ根をとる
天かす　大さじ1
塩・こしょう　各少々
豚ばら肉（薄切り）　4枚
卵　1個
・ソース、マヨネーズ、紅しょうが、青のりなどはお好みで、適量

四

二

六

三

ラヂオ焼き

一 小麦粉とAを合わせて混ぜ、生地を作る。

二 ホットプレートに油を薄くひき、生地を直径10cmくらいに薄く広げる。こんにゃくの甘から煮、ねぎ、ちくわ、天かすを適量のせ、再度、上から生地を流す。

三 返して押さえつけるように焼く。

〈こんにゃくの甘から煮〉は2倍量作っておけば、ごはんの友にもなります。けずりかつおやごまをまぶしてもおいしい。冷蔵庫で2～3日保存可能。

材料（4枚分）と下準備

小麦粉　50g
A ・だし　100 mℓ
・うすくちしょうゆ　小さじ 1/2
・塩　少々
サラダ油　少々
こんにゃく　1/2 枚（100g）……　さっとゆでてアクを抜く。細かく切って、砂糖大さじ 1、しょうゆ大さじ 1 で甘からく、いり煮にする
万能ねぎ　2～3 本…………　小口切り
ちくわ　小 1 本………………　縦半分に切ってから薄切り
天かす　大さじ 2

20分　1枚 80kcal

〈難波教室〉金井祥惠

粉もの文化の大阪には、お好み焼き、たこ焼き、いか焼きなどたくさんありますが、わが家では、ラヂオ焼きと呼ぶ、これをよく作りました。具はこんにゃくのほかに冷蔵庫の残り野菜を細かくきざんで入れます。
★ラヂオ焼きの由来…これを露店で焼いて売り出した時代、最先端の電化製品がラヂオだったからとか。店では、生地を型に流して作り、やがてこんにゃくの代わりにたこを入れたものがたこ焼きの原型に。

もんじゃ焼き

一 小麦粉にだしを加え、泡立器でダマがなくなるまで混ぜる。

二 一にA、キャベツ、紅しょうが、Bを加えてさらに混ぜる。

三 鉄板かホットプレートに油を温め、二からキャベツやしょうが、いか、えびなどの具だけをすくって入れ、軽くいためる。

四 火が通ってきたら、具を寄せてドーナツ状にし、あけた中央に、残りの生地を流し入れる。

五 沸とうしてきたら、まわりの具を中央にくずしながら、全体を混ぜていく。青のりをふり、へら（ホットプレートで作るときは付属の専用へら）で押えるようにして、焼きつけながら食べる。

材料（2人分）と下準備

- 小麦粉　大さじ2·1/2
- だし　250 mℓ
- A
  - ・ウスターソース　大さじ1
  - ・塩　少々
- キャベツ　150g … あらみじん切り
- 紅しょうが　10g … みじん切り
- B
  - ・天かす　大さじ4
  - ・切りいか　大さじ1
  - ・桜えび（乾燥）　大さじ2
- サラダ油　適量
- 青のり　適量

20分　162kcal

〈渋谷教室〉田中茂子

東京下町っ子のおやつといえばこれ。家庭でもかんたんに作れるのでお試しあれ。細かく切ったもちや、ほぐしためんたいこを入れてもおいしい。春巻きの皮にもんじゃを包んで揚げると、屋台の味です。

どんどん焼き

一

小麦粉に水を加え、泡立器でダマがなくなるまで混ぜて、生地を作る。

二

フライパンに油をひき、中火にかける。おたまで生地の約1/4量をすくって流し入れ、薄く広げる。

三

ねぎの4分の1量、桜えび大さじ1を散らし、フライ返しで軽く押さえる。表面が乾いたら裏返し、弱火で30秒ほど焼く。

四

皿にとり出し、熱いうちにしょうゆ少少をスプーンなどでふりかけ、けずりかつお大さじ1をのせる。同様に、2枚、3枚と焼いて重ねていくと、味がしみておいしい。

材料（2人分・直径15～16㎝4枚分）と下準備

- 小麦粉　100g
- 水　150㎖
- ねぎ　1/2本……みじん切り
- 桜えび（乾燥）　大さじ4
- けずりかつお　大さじ4
- しょうゆ　適量
- サラダ油　少々

20分　233kcal

〈吉祥寺教室〉伊藤香

岩手県江刺市（現・奥州市）出身の母が、小さいころ、お祭りの屋台で食べたというこのお好み焼きは、実家のおやつの定番でした。もっちりした薄めの生地にねぎ、桜えび、おかか、しょうゆの香りが香ばしく、昼食にも向いています。クレープ状に薄く焼き、ミルクレープのように重ねていきます。具は、生地が乾く前にすばやくのせます。

★どんどん焼きの由来…どんどん焼くからではなく、屋台で「どんどん」と太鼓を鳴らして売っていたからという説が有力のようです。

昔から、育った土地で食べてきた、素朴で、懐かしい味。
おうちで作ればかんたんで、安心の「ご当地おやつ」です。

鬼まんじゅう

一　さつまいもは皮つきのまま1.5～2㎝角に切り、水にさらす。

二　ボールに砂糖、小麦粉を入れて混ぜ、水を加えてよく混ぜる。さつまいもの水気をきり、加えて混ぜる。

三　蒸し器の上段にクッキングシートを敷き、二を4等分し、シートの上にこんもり置く。

四　蒸し器の下段の水が沸とうしたら、三をのせ、強火で約10分蒸す。

材料（4個分）

さつまいも　1本（200g）
砂糖　30g
小麦粉　40g
水　大さじ2

20分　1個 130kcal

〈名古屋教室〉竹内淳子ほか

名古屋教室の先生たちの思い出のおやつナンバー1がこれ。名古屋～東海地方ではお店でも売っているポピュラーなお菓子です。先生たちのレシピもそれぞれ作り方が微妙に違いますが、いちばんかんたんなレシピで紹介します。

がんづき

一

黒砂糖と分量の水を鍋に入れて、沸とうさせないようにしながら弱火にかける。砂糖が溶けたら火からおろし、さましておく。

二

ボールに卵を割り入れ、泡立器で軽くほぐす。一を加え、小麦粉と重曹を合わせてふるいながら入れる。さっくりと混ぜる。

三

耐熱容器に流し入れ、黒ごまをふる。

四

蒸気の立った蒸し器に器ごと入れ、強火で35~40分、蒸す。

材料（4～5人分）

- 小麦粉　200g
- 重曹　小さじ1·1/2
- 黒砂糖　200g
- 水　200㎖
- 卵　2個
- 黒ごま　大さじ1/2

50分　404kcal

〈仙台教室〉熊谷恵子

素朴な味の、黒砂糖の蒸しパンですが、リクエストが来るほど人気です。がんづき＝雁月で、雁が群れをなして月の出ている夕暮れの空を飛ぶ様子や、雁の肉に似せたといわれますが、あまりピンときませんね。

かまあげ（かますもち）

一
だんご粉は水を少しずつ加えて、耳たぶくらいのやわらかさになるまでこねる。8等分にする。

二
くるみは5㎜角に切り、Aに加えてよく混ぜる。8等分する。

三
一の生地を縦10㎝、横8㎝くらいの楕円形にのばす。二をのせ、折って包む。

四
湯をわかし、三を入れる。浮かび上がってからさらに約3分ゆでる。

材料（8個分）

- だんご粉　200g
- 水　130～160㎖
- くるみ　15g
- A
  - 黒砂糖　大さじ2
  - 黒すりごま　大さじ2
  - みそ　小さじ1/2

〈吉祥寺教室〉関村敦子

岩手県周辺のおやつで、お盆のころに作ります。各家庭で、作り方や入れる材料や名前も違うようです。本来は小麦粉で作りますが、すぐ食べないとかたくなります。だんご粉を使えば、かたくなりません。

ずんだもち

一　枝豆は熱湯で7～8分、やわらかめにゆでる。さやから出し、薄皮をむく。

二　すり鉢かクッキングカッターで一を細かくすりつぶし、砂糖と塩を加えて混ぜる。

三　もちは半分に切る。鍋にたっぷりの水と一緒に入れて火にかけ、沸とうしたら弱火で2分ほどゆでてやわらかくして、とり出す。二をのせ、からめながら食べる。

材料（2人分）

枝豆（さやつき）　150g
砂糖　大さじ2
塩　小さじ1/8
切りもち　3個（150g）

〈仙台教室〉菊地奈美

めんどうだと思うかもしれませんが、作る価値あり！　豆の味がしっかりして甘味も上品。もちろん着色料や保存料の心配もありません。名前の由来は、豆（ず）打（だ）がなまって「ずんだ」になったそうです。

やせうま

一 小麦粉に塩水を少しずつ加え、耳たぶのやわらかさになるまでこねる。親指大にちぎり、5㎝長さの棒状にする。ぬれぶきんをかけて、30分ねかす。

二 生地を引っぱりながら、親指と人差し指で平たくし、細長くのばす。

三 たっぷりの湯をわかし、二を入れる。浮き上がったら、ざるにあげる。きなこと砂糖を混ぜて、まぶす。

材料（2人分）

- 小麦粉　100g
- 塩水（水40～50㎖＋塩少々）
- きなこ　大さじ3
- 砂糖　大さじ1·1/2

〈町田教室〉上田順子

大分の夫の実家で義母が作っていたもので、わが家の子どもたちもお気に入りです。やせうまの由来は、平安時代、都落ちした幼君の乳母「八瀬」が作り、幼君が「やせ、うま、うま」とせがんだからだそう。

30分　1個96kcal　保存方法 常温　保存期間 3〜4日

丸ボーロ

一　ボールに卵を入れて、泡立器でほぐし、Aを加えてよく混ぜる。

二　一に小麦粉をふるいながら加え、さっくりと混ぜる。

三　二を10等分する。手粉をつけて丸め、オーブンシートを敷いた天板に並べる。上から手で押さえて、平たくする。表面にごま油を塗る。

四　190度Cのオーブンで10分ほど焼く。

材料（10個分）

卵　1個
A
・砂糖　70g
・はちみつ　10g
・重曹　小さじ1/2
小麦粉　150g
（手粉用）小麦粉　適量
ごま油　適量

〈福岡教室〉田上千恵

その昔、ポルトガルから長崎を経て佐賀に伝わったという焼き菓子です。九州では非常にポピュラーなもので、漢字で書くと丸芳露（丸く芳しい露）。

いきなりだんご

一 ボールにAを合わせ、少しずつ熱湯を加えながら、木べらで混ぜる。

二 さわれる熱さになったら、耳たぶより少しやわらかいくらいのかたさになるまで、手でこねる。ラップをし、30分ほどねかす。

三 さつまいもは1cm厚さの輪切りにし（8枚とる）、皮を厚めにむく。水にさらして水気をきる。あんを8等分し、いもの上にのせる。

四 二の生地を8等分し、丸める。めん棒で3〜4mm厚さにのばし、三をくるみ、しっかりととじる。手にサラダ油少々（材料外）をつけて包むと、生地が扱いやすい。

五 蒸気の立った蒸し器に入れ、強火で15〜20分蒸す。竹串がすっと通れば、蒸しあがり。

材料（8個分）

さつまいも　大1本（400g）
つぶあん　150g
A ・小麦粉　150g
・砂糖　大さじ1/2
・塩　小さじ1/2
熱湯　約150㎖

70分　1個 164kcal　保存方法 冷凍　保存期間 1か月

〈渋谷教室〉田中茂子

生のさつまいもを直接「いきなり」包むからとの説のある、熊本のおやつ。ご当地では「いきなりだご」と呼びます。冷凍保存ができ、電子レンジで解凍するほか、自然解凍のあと、両面を軽く焼いてもおいしい。

特別な材料を使わないで、子どもと一緒に作りたい3時のおやつ。
昔から定番の「うちのおやつ」、教えます。

まあるいフレンチトースト

一 パンを茶筒のふたやコップなどでくり抜く。

二 底の平らな器に卵を割りほぐし、牛乳、砂糖を加えてよく混ぜる。

三 二に一の丸いパンを10分ほどひたして、卵液をしみこませる。

四 フライパンにバターを中火で温め、三を入れてふたをする。焼き色がついたら裏返し、同様に焼く。

五 皿に盛り、好みではちみつや粉糖をかける。

材料（1人分）

食パン（6枚切り）　2枚
卵　1個
牛乳　100㎖
砂糖　大さじ1
バター　10g
（好みで）はちみつ・粉糖　各適量

20分　338kcal

〈梅田教室〉松本富美子
形が丸いというだけですが、かわいくて食べやすくなります。母が、茶筒のふたでくり抜いて作ってくれていました。

〈パンの耳のラスク〉の作り方

❶フレンチトーストに使ったパンの残り（耳）２枚分を、それぞれ４つに切る。
❷フライパンにバター40gを弱火で温め、①を入れる。カリカリになるまで全面をじっくり焼く。
❸砂糖大さじ２をふりかけてからめる。砂糖がとけたら火を止める。
〈難波教室〉中野布季子

20分　1個83kcal

ごまもち

一　もちは2等分し、水に約10分つける。

二　フライパンに、水気をざっときったもちを並べ、砂糖をふり入れ、ふたをして弱火にかける。両面を2〜3分ずつ焼き、もちがやわらかくなったら火を止めてごまをふり、木べらでよく混ぜる。

三　さわれる熱さになったら、手に水をつけて4つに丸め、かたくり粉をまぶす。

材料（4個分）

切りもち　2個（100g）
砂糖　大さじ1･1/2
いりごま（白）　大さじ1
かたくり粉　小さじ1

〈仙台教室〉吉川久美子

子ども時代、お正月を過ぎたころ、もちをこうやって食べるのが楽しみでした。そのまま食べてもよいのですが、多めに作って、翌日はフライパンで表面をこんがり焼いて食べてもおいしいですよ。

15分　191kcal　保存方法 冷蔵　保存期間 1〜2日

さつまいもとりんごの甘煮

弁当

一　さつまいもは皮つきのまま、5㎜厚さの輪切りまたは半月切りにする。水にさらし、水気をきる。

二　りんごは、5㎜厚さのいちょう切りにする。レーズンはぬるま湯で洗う。

三　耐熱容器に一と二を入れ、砂糖と塩をふる。ラップをかけ、電子レンジで5〜6分、途中上下を返して加熱する。

材料（2人分）

さつまいも　1本（200g）
りんご　1/2個（100g）
レーズン　大さじ1（15g）
砂糖　大さじ1
塩　少々

〈名古屋教室〉立中美行
電子レンジの中からいい香りがしたらできあがり。うちの定番おやつです。作りおきができるので、お弁当にも重宝です。

ほかにもあります

超かんたん軽食&おやつ3行レシピ

弁当 ＝お弁当にも使えます

ねぎ焼き

小麦粉、水、だしの素、けずりかつお、ねぎの緑の部分の小口切りを混ぜ、薄く円形に、多めの油で焼きます。

札幌教室◉清水よふ子

長いものお焼き

すりおろした長いも、卵、みじん切りの紅しょうが、塩を混ぜたものを弱火で、両面をじっくり焼きます。

渋谷教室◉大竹博子

ごはんのお焼き

余ったごはんに卵と小麦粉を混ぜて生地にし、残り野菜や干しえび、じゃこやごまを加え、フライパンで丸く焼きます。

千葉教室◉堀合順子

にらとじゃこのお焼き

小麦粉と水を合わせた生地に、2〜3cmに切ったにらとちりめんじゃこを混ぜて、油で焼きます。

福岡教室◉上田早和子

フライパン焼きいも

輪切りのさつまいもをフライパンに並べ、ふたをして焼き、火が通ってきたらバターをつけて。

梅田教室◉原田恵美

わらびもち もどき

水とかたくり粉を混ぜ、木べらで混ぜながら透明になるまで火を通し、砂糖、きなこをかけて。昔、父が作ってくれました。

柏教室◉橋本知子

ねったぽ（唐《から》いももち）

皮をむいて蒸した唐いも（さつまいも）と、電子レンジでやわらかくしたもちを、ついて混ぜ、きなこをかけて。鹿児島のおやつ。

池袋教室◉竹迫幸子

ひき肉のクレープ

ひき肉とみじん切りのねぎをいため、小麦粉＋卵＋水の生地に混ぜ、フライパンで薄く焼きます。母がよく作ってくれたおやつ。

池袋教室◉田辺直子

揚げ菓子（かんたんドーナツ）

ホットケーキミックスを分量の牛乳でといて、揚げ油の中に落として揚げて、グラニュ糖をまぶします。

横浜教室◉嶋村裕子

さつまいものミルク煮

弁当

いちょう切りのさつまいもを牛乳（＋塩少々）でやわらかく煮て、仕上げにバターを加えます。

吉祥寺教室◉大須賀眞由美

素材別索引

野菜・きのこ・くだもの類

◎枝豆

ずんだもち 175

◎オクラ

冷やし夏おでん 117

◎かいわれだいこん

長いもとかいわれのぽん酢しょうゆかけ 20

◎カリフラワー

カリフラワーのカレーいため 25

◎きのこ

たまねぎのすき焼き（えのきだけ） 102

石狩鍋（エリンギ） 126

沖すき（えのきだけ） 128

にんじんだんご鍋（えのきだけ） 138

きのこ鍋 140

モツ鍋（えのきだけ） 156

◎キャベツ

いもフライ 90

石狩鍋 126

揚げ豚鍋 146

カレー鍋 154

モツ鍋 156

缶詰と残り野菜の牛乳みそ鍋 158

広島お好み焼き 162

もんじゃ焼き 166

◎きゅうり

麩ときゅうりのからし酢みそあえ 19

◎グリーンアスパラガス

キムチ入りマカロニサラダ 82

◎ごぼう

京都風のすき焼き 100

だまこ鍋 142

◎さつまいも

ガネ（さつまいもの味つき天ぷら） 41

鬼まんじゅう 170

いきなりだんご 178

さつまいもとりんごの甘煮 183

◎さといも

豚とさといもの甘みそいため 79

みそおでん 112

関西風のうす味おでん 114

いも煮会 144

◎しいたけ

ねぎみその田楽 56

京都風のすき焼き 100

鶏のすき焼き（ひきずり） 104

牡蠣のみそすき焼き 106

たらのみそ鍋 122

にんじんだんご鍋 138

じゃがいものとろとろシチュー 152

◎しその葉

なめろう・さんが焼き 16

なすのみそいため 26

ちくわのいかもどき 42

冷やし夏おでん 117

◎しめじ

みつばときのこのぽん酢いため 22

とりの水炊き 130

スタミナ鍋 137

◎じゃがいも

わかめとじゃがいものかき揚げ 38

コンビーフとポテト、トマトの重ね煮 75

いもフライ 90

ポテトドッグ 92

関東炊き 116

石狩鍋 126

じゃがいものとろとろシチュー 152

缶詰と残り野菜の牛乳みそ鍋 158

◎しゅんぎく

いわし鍋 124

とりの水炊き 130

揚げ豚鍋 146

◎しょうが

しらす納豆 12

なめろう・さんが焼き 16

おつまみ、鍋、軽食・おやつ編

缶詰と残り野菜の牛乳みそ鍋 158
◎トマト
コンビーフとポテト、トマトの重ね煮 75
冷やし夏おでん 117
◎長いも
長いもとかいわれのぽん酢しょうゆかけ 20
◎なす
蒸しなすのしょうがぽん酢 21
なすのみそいため 26
なすのひき肉はさみ揚げ 71
豚肉となすの柳川 150
◎にら
豆腐キムチチゲ 151
モツ鍋 156
◎にんじん
いかにんじん 35
にんじんのめんたいきんぴら 37
けんちょう 68
キムチ入りマカロニサラダ 82
石狩鍋 126
にんじんだんご鍋 138
じゃがいものとろとろシチュー 152
カレー鍋 154
缶詰と残り野菜の牛乳みそ鍋 158
◎にんにく
いかわたのガーリック焼き 52
スタミナ鍋 137
カレー鍋 154
モツ鍋 156
◎ねぎ
なめろう・さんが焼き 16
牡蠣とねぎのバターいため 24
するめいかのオーブンわた焼き 51
ねぎみその田楽 56
ゆで豚のねぎしょうがあえ 58
豚トロ焼き・ねぎしょうがのせ 59
ねぎもち 63
とりねぎ 70
蒸しなすのしょうがぽん酢 21
ゆで豚のねぎしょうがあえ 58
豚トロ焼き・ねぎしょうがのせ 59
冷やし夏おでん 117
みず菜と鴨の鍋 132
はくさいと大きな肉だんごの鍋 134
カレー鍋 154
モツ鍋 156
◎せり
牡蠣のみそすき焼き 106
だまこ鍋 142
◎セロリ
セロリのしば漬けいため 65
◎だいこん
揚げだしもち 61
けんちょう 68
豚豆腐 78
静岡おでん 110
みそおでん 112
みそ煮こみおでん 113
関西風のうす味おでん 114
関東炊き 116
さばとだいこんの鍋 120
スタミナ鍋 137
◎たけのこ
たけのこのから揚げ 47
とりの水炊き 130
◎たまねぎ
たまねぎとたらこの甘酢あえ 18
紅しょうがとたまねぎのかき揚げ 39
ツナの揚げぎょうざ 48
豚ヒレ肉のりんご煮 74
たまねぎのすき焼き 102
冷やし夏おでん（ペコロス） 117
石狩鍋 126
じゃがいものとろとろシチュー 152
カレー鍋 154
モツ鍋 156

いも煮会　144
◎みず菜
たらのみそ鍋　122
沖すき　128
みず菜と鴨の鍋　132
にんじんだんご鍋　138
◎みつば
みつばときのこのぽん酢いため　22
きのこ鍋　140
豚肉となすの柳川　150
◎みょうが
冷やし夏おでん　117
◎もやし
豆腐キムチチゲ（豆もやし）　151
モツ鍋（豆もやし）　156
広島お好み焼き　162
◎りんご
豚肉のりんご焼き　72
豚ヒレ肉のりんご煮　74
さつまいもとりんごの甘煮　183
◎レタス
牛肉のソースパン粉焼き　84
レタス豚しゃぶしゃぶ　133
◎レモン
オイルサーディンのレモン焼き　13
◎れんこん
豚れんこんはさみ揚げ　81
関西風のうす味おでん　114

魚介・海藻類・加工品

◎あさり
豆腐キムチチゲ　151
◎あじ
ごまあじ　14
なめろう　16
さんが焼き　16
骨せんべい　60
◎いか（いかのわた）
なすのひき肉はさみ揚げ　71
豚ねぎ天　80
ほたて貝焼きみそ　86
京都風のすき焼き（九条ねぎ）　100
魚のすき焼き　103
鶏のすき焼き（ひきずり）　104
牡蠣のみそすき焼き　106
たらのみそ鍋　122
いわし鍋　124
沖すき　128
とりの水炊き　130
はくさいと大きな肉だんごの鍋　134
だまこ鍋　142
いも煮会　144
七色鍋　147
どんどん焼き　168
◎はくさい
京都風のすき焼き　100
魚のすき焼き　103
たらのみそ鍋　122
いわし鍋　124
沖すき　128
はくさいと大きな肉だんごの鍋　134
はくさいと干し貝柱の鍋　136
スタミナ鍋　137
にんじんだんご鍋　138
七色鍋　147
◎万能ねぎ
しらす納豆　12
ごまあじ　14
揚げだしもち　61
豚豆腐　78
豚とさといもの甘みそいため　79
ラヂオ焼き　164
◎ピーマン
じゃがいものとろとろシチュー　152
◎まいたけ
だまこ鍋　142

◎ちくわ
ちくわのいかもどき 42
静岡おでん 110
みそ煮こみおでん 113
冷やし夏おでん 117
ラヂオ焼き 164
◎ツナ
ツナの揚げぎょうざ（缶詰） 48
◎つみれ
関東炊き 116
◎のり
高野豆腐のソーセージはさみ揚げ 49
チーズ磯辺もち 62
◎はまぐり
沖すき 128
◎はんぺん
静岡おでん（黒はんぺん） 110
みそおでん 112
◎ほたて
ほたて貝焼きみそ 86
はくさいと干し貝柱の鍋 136
缶詰と残り野菜の牛乳みそ鍋（缶詰） 158
◎結びこんぶ
静岡おでん 110
関東炊き 116
◎わかめ
わかめとじゃがいものかき揚げ 38

肉類・加工品

◎牛肉
ゆで卵の牛肉巻き 46
牛肉のソースパン粉焼き 84
京都風のすき焼き 100
たまねぎのすき焼き 102
静岡おでん（牛すじ） 110
いも煮会 144
豆腐キムチチゲ 151
モツ鍋 156
いかにんじん（干しスルメ） 35
するめいかのわたバターいため 50
するめいかのオーブンわた焼き 51
いかわたのガーリック油焼き 52
もんじゃ焼き（切りいか） 166
◎いわし・いりこ
オイルサーディンのレモン焼き（缶詰） 13
いりこ（煮干し）の天ぷら 40
いわし鍋 124
◎えび
沖すき 128
◎かき
牡蠣とねぎのバターいため 24
牡蠣のみそすき焼き 106
◎魚肉ソーセージ
高野豆腐のソーセージはさみ揚げ 49
◎桜えび（乾燥）
もんじゃ焼き 166
どんどん焼き 168
◎さけ
石狩鍋 126
缶詰と残り野菜の牛乳みそ鍋（缶詰） 158
◎さつま揚げ
関西風のうす味おでん 114
◎さば
さばとだいこんの鍋 120
◎しらす干し
しらす納豆 12
◎たい
魚のすき焼き 103
沖すき 128
◎たこ
関東炊き 116
◎たら・白子・たらこ・めんたいこ
卵黄たらこ 10
たまねぎとたらこの甘酢あえ 18
にんじんのめんたいきんぴら 37
たらのみそ鍋 122

コンビーフとポテテ、トマトの重ね煮 75
七色鍋（ハム） 147

豆腐・大豆加工品

◎きなこ
やせうま 176
◎大豆・高野豆腐
しょうゆ豆 30
もちと大豆の甘からいため 32
高野豆腐のソーセージはさみ揚げ 49
◎豆腐・豆乳
けんちょう 68
豚の白みそ煮 76
豚豆腐 78
たらのみそ鍋 122
いわし鍋 124
とりの水炊き 130
みず菜と鴨の鍋 132
揚げ豚鍋 146
豆乳湯豆腐 148
温泉湯豆腐（嬉野温泉豆腐風） 149
豆腐キムチチゲ 151
◎納豆
しらす納豆 12
◎焼き豆腐
ねぎみその田楽 56
京都風のすき焼き 100
鶏のすき焼き（ひきずり） 104
牡蠣のみそすき焼き 106
みそ煮こみおでん 113

乳製品

◎牛乳
石狩鍋 126
缶詰と残り野菜の牛乳みそ鍋 158
まあるいフレンチトースト 180
◎チーズ
クリームチーズの西京みそ漬け 33

◎豚肉
ゆで豚のねぎしょうがあえ 58
豚トロ焼き・ねぎしょうがのせ 59
甘酢しょうがの肉巻き揚げ 64
豚肉のりんご焼き 72
豚ヒレ肉のりんご煮 74
豚の白みそ煮 76
豚豆腐 78
豚とさといもの甘みそいため 79
豚ねぎ天 80
豚れんこんはさみ揚げ 81
レタス豚しゃぶしゃぶ 133
スタミナ鍋 137
にんじんだんご鍋 138
きのこ鍋 140
揚げ豚鍋 146
七色鍋 147
豚肉となすの柳川 150
じゃがいものとろとろシチュー 152
カレー鍋（スペアリブ） 154
広島お好み焼き 162
◎豚ひき肉
なすのひき肉はさみ揚げ 71
はくさいと大きな肉だんごの鍋 134
◎とり肉・とり皮
とり皮のみそいため 27
とりささみのつるりんピリ辛 44
とりねぎ 70
手羽先のチョキ揚げ 88
鶏のすき焼き（ひきずり） 104
とりの水炊き 130
だまこ鍋 142
◎鴨（かも）肉
みず菜と鴨の鍋 132
◎レバーなど内臓
モツ鍋 156
◎ベーコン・コンビーフ・ハム
セロリのしば漬けいため（ベーコン） 65

広島お好み焼き 162
がんづき 172
丸ボーロ 177
まあるいフレンチトースト 180
◎漬けもの
紅しょうがとたまねぎのかき揚げ 39
ちくわのいかもどき（梅干し） 42
甘酢しょうがの肉巻き揚げ 64
セロリのしば漬けいため 65
漬けものの卵いため 66
キムチ入りマカロニサラダ 82
豆腐キムチチゲ 151
もんじゃ焼き（紅しょうが） 166
◎ピーナッツバター
ピーナッツ豆腐 36
◎麩
麩ときゅうりのからし酢みそあえ 19
京都風のすき焼き 100
牡蠣のみそすき焼き 106
関東炊き（ちくわぶ） 116
沖すき 128
◎干ししいたけ
はくさいと大きな肉だんごの鍋 134
七色鍋 147
◎めん・パン類
キムチ入りマカロニサラダ 82
鶏のすき焼き（ひきずり）（うどん） 104
七色鍋（はるさめ） 147
広島お好み焼き（中華蒸しめん） 162
まあるいフレンチトースト 180
パンの耳のラスク 181
◎もち
もちと大豆の甘からいため 32
揚げだしもち 61
チーズ磯辺もち 62
ねぎもち 63
ずんだもち 175
ごまもち 182
チーズ磯辺もち 62

その他

◎くるみ
かまあげ（かますもち） 174
◎こんにゃく
かみなりこんにゃく 34
豚の白みそ煮 76
京都風のすき焼き（しらたき） 100
たまねぎのすき焼き（しらたき） 102
魚のすき焼き（小結しらたき） 103
鶏のすき焼き（ひきずり）（しらたき） 104
静岡おでん 110
みそおでん 112
みそ煮こみおでん 113
関西風のうす味おでん 114
関東炊き 116
石狩鍋 126
だまこ鍋（しらたき） 142
いも煮会 144
ラヂオ焼き 164
◎卵
卵黄たらこ 10
しらす納豆 12
ゆで卵の牛肉巻き 46
漬けものの卵いため 66
キムチ入りマカロニサラダ 82
ほたて貝焼きみそ 86
京都風のすき焼き 100
たまねぎのすき焼き 102
魚のすき焼き 103
鶏のすき焼き（ひきずり） 104
静岡おでん 110
みそ煮こみおでん 113
関西風のうす味おでん 114
関東炊き 116
七色鍋 147
豚肉となすの柳川 150

(財) ベターホーム協会

1963 年創立、1975 年に財団法人化。
「心豊かな質の高い暮らし」を目指し、
暮らしの調査・研究・出版など、
女性たちの手による、生活に密着した活動を続けている。
その中心となるのが、「ベターホームのお料理教室」。
全国 18 カ所の教室で、現在約 5 万人の受講生に、
毎日の食事づくりに役立つ調理技術とともに、
食品の選び方・買い方と保存法、栄養知識、食のマナー、
環境に配慮した家事の仕方などを教える。

おもひで食堂

おつまみ、鍋、軽食・おやつ編

料理研究・開発	ベターホーム協会 (新保千春　浜村ゆみ子　三笠かく子)
撮影	中里一曉
スタイリング	青野康子
アートディレクション	北原曜子 (ワンダフル)
デザイン	五十嵐明・小板橋徹 (ワンダフル)
校正	ペーパーハウス
初版発行	2009 年 11 月 20 日
編集	財団法人ベターホーム協会
発行	株式会社ベターホーム出版局 〒150-8363 東京都渋谷区渋谷 1-15-12 編集　TEL03-3407-0471 営業　TEL03-3407-4871 http://www.betterhome.jp

ISBN978-4-904544-05-1